Genossenschaftliche Streit- und Zeitfragen.

Herausgegeben von

Ludolf Parisius und Dr. Hans Crüger.

Heft 3.

Umsatzsteuer und Konsumvereine.

Von

Dr. Johannes Wernicke,

Sekretär des Allgemeinen Verbandes der deutschen Erwerbs- und Wirthschaftsgenossenschaften.

Berlin SW48.

Wilhelmstraße 119/120.

J. Guttentag, Verlagsbuchhandlung,

G. m. b. H.

1898.

Inhaltsverzeichniß.

Einleitung.

Wie alle menschlichen Einrichtungen, so unterliegt auch das Steuerwesen einer fortschreitenden Entwickelung, entsprechend dem wirthschaftlichen und ethischen Fortschritte.

Hatten in früheren Zeiten die unteren und schwächeren Klassen hauptsächlich die Steuerlasten zu tragen, so sehen wir, daß die moderne Zeit auch auf dem Gebiete des Steuerwesens mehr und mehr dem Grundsatz der Gerechtigkeit Geltung zu verschaffen bestrebt ist. Die direkte Besteuerung hat sich in Deutschland allmählig zu Steuer-Systemen ausgebildet, die auf den Grundsätzen der Allgemeinheit und der Verhältnißmäßigkeit oder Leistungsfähigkeit aufgebaut sind. Diese Systeme setzen sich aus Einkommensteuern, Ertragssteuern und Verkehrs- oder Vermögenssteuern zusammen, und sollen sowohl im Ganzen als auch in jeder einzelnen Steuer jene Grundsätze verwirklichen.

„Mit der Ertragssteuer*) (Grund-, Gebäude-, Gewerbesteuer) sollen die „Erträge der gütererzeugenden Quellen, bevor sie sich zu Einkommen ihres Inhabers gestalten, an ihrem Ursprunge besteuert werden". „Die Ertragssteuern bezwecken die steuerliche Belastung eines durch Nutzung von Vermögen mittelst Arbeit erzielten Ertrages."

Die Gewerbesteuer „wird nach dem jeweiligen **wirklichen Ertrage** und nur subsidiär nach dem Anlage- und Betriebskapital bemessen".

Die neue preußische Gewerbesteuer vom 24. Juni 1891 stellt demnach gegenüber der früheren vom 30. Mai 1820, welche nach dem Betriebsumfang, nach äußeren Merkmalen des Betriebes u. s. w. veranlagt wurde, einen bedeutenden Fortschritt dar, sie nimmt zwischen den Ertrags- und Personalsteuern fast eine Mittelstellung ein, indem sie sich mehr den Personalsteuern annähert. Das Endglied dieser Entwickelung finden wir bereits in Sachsen, wo die Ertragssteuern in die Einkommenbesteuerung aufgegangen sind.

Wenn demgegenüber das preußische Kommunalabgabengesetz vom 14. Juli 1893 im § 29 wieder eine Bemessung der — besonderen — Gewerbesteuern „nach sonstigen Merkmalen für den Umfang des Betriebes" zuläßt, so wird man in diesem Zurückgreifen auf den früheren Zustand einen Fortschritt nicht erkennen können. Bisher hatte dieser § 29 zu

---

*) Fuisting, das preußische Gewerbesteuergesetz. Berlin 1893, S. 24 ff.

praktischen Konsequenzen nicht geführt, die Gewerbesteuer wurde in Preußen von den einzelnen Gemeinden in Prozenten der staatlich weiter veranlagten Gewerbesteuer von dem Ertrage erhoben.

Seit 1895 aber machen sich in den Kreisen der kleineren Detaillisten*) Bestrebungen bemerkbar, welche auf eine Sonderbesteuerung der größeren Betriebe des Detailhandels nach dem Umsatze abzielen. In Sachsen ist in einzelnen Gemeinden eine solche Umsatzsteuer bereits eingeführt.

Diese Umsatzsteuer — nicht zu verwechseln mit der gleichlautenden vom Umschlag von Grundstücken —, soll, als Sondergewerbesteuer, nicht nach dem Ertrage oder dem Anlage- oder Betriebskapital, sondern nach dem Verkaufserlös der betr. Geschäfte erhoben werden. Es fragt sich aber, ob diese Umsatzsteuer rechtlich zulässig ist. Wir werden diese Frage an späterer Stelle eingehend prüfen.

Von der Umsatzsteuer, welche die kleineren Betriebe gegen die größeren schützen soll, sollen aber nicht blos die großkapitalistischen Detailgeschäfte, wie Waarenhäuser und Bazare, sondern auch die Konsumvereine getroffen werden — in Sachsen sind es in erster Linie die Konsumvereine, die von der Umsatzsteuer ergriffen sind —, obwohl die Konsumvereine keine großkapitalistischen Gebilde, sondern Personenvereinigungen von Konsumenten und namentlich der ärmeren, zum billigeren Bezuge von Waaren sind.

In vorliegender Arbeit wollen wir untersuchen, ob eine Umsatzsteuer auf Konsumvereine, d. h. nach § 1 des Genossenschaftsgesetzes vom 1. Mai 1889 Vereine zum genossenschaftlichen Einkaufe von Lebens- oder Wirthschaftsbedürfnissen im Großen und Ablaß im Kleinen, — rechtlich zulässig ist, und welche Wirkungen sie auf die Konsumvereine ausüben würde.

Zuvor aber wollen wir die bisherige Steuer- und Gewerbepolitik gegenüber den Konsumvereinen mit kurzen Strichen zeichnen.

---

*) Wir wollen an dieser Stelle aber darauf hinweisen, daß sich nur ein geringer Prozentsatz von Detaillisten an der Agitation betheiligt. Der Zentralverband deutscher Kaufleute zählt nur etwa 15000 Mitglieder. In der Hauptsache wurzelt die Agitation in den Kreisen der kleineren Händler, welche sich nach den Ergebnissen der Berufs- und Gewerbezählung im Uebermaß vermehren und sich selbst die größte Konkurrenz machen. Die gewerbthätigen Personen in der Industrie haben sich in der Zeit von 1882—1895 um 34,8 % vermehrt, während die im Handelsgewerbe um 59,0 % angewachsen sind.

Die Gewerbestatistik zeigt folgendes Bild des Waarenhandels:

	Betriebe.			Personen.		
	1895	1882	Zunahme	1895	1882	Zunahme
Alleinbetriebe . . .	350 572	293 399	+ 57 173	350 572	293 399	+ 57 173
Gehilfenbetriebe mit 10 Pers. u. darunt.	274 104	154 023	+120 081	750 739	439 347	+311 392
Gehilfenbetriebe mit 11—50 Personen .	10 023	5 073	+ 4 950	179 259	86 760	+ 92 499
Gehilfenbetriebe mit 51—200 Personen .	475	224	+ 251	39 312	17 294	+ 22 018
Gehilfenbetriebe mit 201 Pers. u. darüber	35	6	+ 29	13 111	1 592	+ 11 519
zusammen . .	635 209	452 725	+182 484	1 332 993	838 392	+494 601

Bis in die Mitte der 90er Jahre gingen die Forderungen der von dem Zentralverbande deutscher Kaufleute entfachten Agitation gegen die Konsumvereine einerseits auf Beschränkungen ihres Geschäftsbetriebes durch Verschärfung einzelner Bestimmungen des Genossenschaftsgesetzes und der Gewerbeordnung, andererseits auf steuerliche Gleichstellung derselben mit den Gewerbetreibenden.

Die Novelle zum Genossenschaftsgesetz vom 12. August 1896 hat auf die Waarenabgabe an Nichtmitglieder im regelmäßigen Geschäftsverkehr Strafen gelegt und hat die Waarenabgabe gegen Werthmarken verboten.

Den Konsumvereinen ist also das Grundrecht aller Gewerbetreibenden, Waaren an Jedermann zu verkaufen, entzogen worden, dagegen hat die Novelle zur Gewerbeordnung vom 6. August 1896 für die Konsumvereine den ihnen früher gestatteten Kleinhandel mit Branntwein der gleichen Konzessionsertheilung wie für die Gewerbetreibenden unterstellt und zwar mit rückwirkender Kraft, so daß die betreffenden Konsumvereine, welche Branntwein im Kleinen an ihre Mitglieder verkauften, die Konzession nachsuchen mußten, die ihnen aber vielfach versagt wurde, — und hat ferner auf sie die Bestimmungen über die Sonntagsruhe ausgedehnt. Sonach sind die Konsumvereine in Bezug auf ihren Geschäftsbetrieb ungünstiger gestellt wie die Gewerbetreibenden, obwohl sie nach den Entscheidungen des Reichsgerichts vom 4. Oktober 1881, des Preuß. Ober-Verwaltungs-Gerichts vom 24. Juni 1882 und vom 15. Oktober 1890 kein Gewerbe treiben, falls sie ihren Geschäftsbetrieb auf den Kreis der Mitglieder beschränken.

Entgegen diesen Entscheidungen sind die Konsumvereine auch in den Steuergesetzen als Gewerbetreibende behandelt und sie sind nach den Bestimmungen des Preuß. Gewerbesteuergesetzes vom 24. Juni 1891, § 5, gewerbesteuerpflichtig, falls sie Gewinn vertheilen — und das trifft auf alle Konsumvereine zu —, und zwar zahlen sie, da sie zur öffentlichen Rechnungslegung gezwungen sind, in der Regel höhere Gewerbesteuern, als die Gewerbetreibenden, deren Ertragsverhältnisse nur geschätzt werden. Staatseinkommensteuer und Gemeindeeinkommensteuer haben in Preußen die eingetragenen Konsumvereine nach § 1 des Einkommensteuergesetzes vom 24. Juni 1891 und § 33 des Kommunalabgabengesetzes vom 14. Juli 1893 dann zu zahlen, wenn sie einen offenen Laden besitzen.

Hinsichtlich dieser Besteuerung der Konsumvereine zeigt sich folgende merkwürdige Inkonsequenz: So lange — bis zum 1. April 1897 — die Waarenabgabe an Nichtmitglieder nicht mit Strafen belegt war, sollte der „offene Laden" für die Konsumvereine die Voraussetzung für die Besteuerung bilden, da man annahm, daß bei einem offenen Laden die Waarenabgabe nicht derartig kontrollirt werden könne, daß eine solche an Nichtmitglieder völlig ausgeschlossen sei. Seitdem aber auf die Waarenabgabe an Nichtmitglieder strenge Strafen gesetzt sind, haben die Konsumvereine keinen offenen Laden mehr, die Steuervoraussetzung ist demnach fortgefallen. Gleichwohl werden die Konsumvereine weiter zu den Steuern herangezogen, nachdem das Oberverwaltungsgericht am 5. Mai 1897 entschieden hat, daß die Konsumvereine nach wie vor einen offenen Laden im Sinne

	Gewerbesteuer					Staatseinkommensteuer (Kapitalrentensteuer)							
	I. Steuerfrei	II. Steuerpflichtig				I. Steuerfrei	II. Steuerpflichtig						
		überhaupt	nur diejenigen, welche				überhaupt	nur diejenigen, welche					
			über den Kreis der Mitglieder hinausgehen	Dividenden vertheilen	Konsum-Vereine mit offenen Läden			über den Kreis der Mitglieder hinausgehen	Dividenden vertheilen	Konsum-Vereine mit offenen Läden	eingetragen sind	eigenes Vermögen besitzen, das Zinsen trägt	die Ueberschüsse nicht nur als Einkaufsdividenden vertheilen
	1	2	3	4	5	1	2	3	4	5	6	7	8
1. Preußen	—	—	ja	ja	ja	—	—	ja	—	ja	ja	—	—
2. Bayern	—	—	ja	—	ja	—	—	—	—	—	—	ja	—
3. Sachsen	—	—	—	—	—	—	B.B. ja	K.B. ja	—	ja	—	—	ja
4. Württemberg	—	K.B. [1]) ja	B.B.[2]) ja	—	—	—	ja	—	—	—	—	ja	—
5. Baden	—	K.B. ja B.B. mit Kapital über 50 000 M. ja	—	—	—	ja	—	—	—	—	—	—	—
6. Großherzogthum Hessen	—	—	ja	—	—	ja	—	—	—	—	—	—	—
7. " Mecklenburg	—	ja	—	—	—	—	ja	—	—	—	—	—	—
8. " Sachs.-Weimar	—	—	—	—	—	—	—	ja	—	—	—	—	—
9. " Oldenburg	—	—	ja	—	—	—	—	—	—	—	—	—	—
10. Herzogthum Braunschweig	—	—	ja	ja	ja	—	—	ja	—	ja	ja	—	—
11. " Sachsen-Meiningen	—	—	—	—	—	—	ja	—	—	—	ja	—	—
12. " Sachsen-Altenburg	—	—	—	—	—	—	—	ja	—	ja	ja	—	—
13. " Koburg-Gotha	—	—	—	—	—	—	—	ja	—	ja	ja	—	—
14. " Anhalt	ja	—	—	—	—	—	ja	—	—	—	ja	—	—
15. Schwarzburg-Sondershausen	—	—	—	—	—	—	—	ja	—	—	ja	—	—
16. " Rudolstatt	—	—	ja	—	ja	—	—	ja	—	ja	—	—	—
17. Waldeck	—	—	ja	ja	ja	—	—	ja	—	ja	ja	—	—
18. Reuß ä. L.	—	—	—	—	—	—	ja	—	—	—	—	—	—
19. " j. L.	—	—	—	—	—	—	K.B. ja	ja	—	—	—	—	—
20. Lippe-Detmold	—	—	ja	—	—	—	—	ja	—	—	ja	—	—
21. Schaumburg-Lippe	—	—	ja	—	—	ja	—	—	—	—	—	—	—
22. Lübeck	—	—	—	—	—	—	ja	—	—	—	ja	—	—
23. Hamburg	—	—	—	—	—	—	ja	—	—	—	ja	—	—
24. Bremen	—	—	—	—	—	—	—	ja	—	—	ja	—	—
25. Elsaß-Lothringen	—	K.B. ja B.B. mit Betriebskapital über 50000 M.	—	—	—	—	—	—	—	—	—	—	—

der Entscheidung des Oberverwaltungsgerichts vom 11. April 1893 besitzen, wenn derselbe nicht durch ein physisches Hinderniß geschlossen ist, so daß den Nichtmitgliedern der Zutritt zu demselben verwehrt wird. Ueber den derzeitigen Stand der Besteuerung der Genossenschaften in den deutschen Bundesstaaten giebt vorstehende Tabelle*) Auskunft.

Sonach hat die Agitation der im Zentralverbande deutscher Kaufleute vereinigten Kolonialwaarenhändler es erreicht, daß die Konsumvereine, obwohl keine Gewerbetreibende, sondern private Personenvereinigungen zur Erzielung von Wirthschafts-Ersparnissen, nicht nur den Gewerbetreibenden gleichgestellt sind, sondern sogar noch vielfach schlechter behandelt werden.

Wir geben nun zunächst eine Darstellung der Entwickelung der Umsatzsteuerfrage.

---

*) cfr. J. Wernicke, Die Besteuerung der Erwerbs- und Wirthschaftsgenossenschaften in den deutschen Bundesstaaten, in Schanz' Finanzarchiv 1898, I Bd. S. 314.

I.

Entwickelung und Stand der Umsatzsteuerfrage.

Die Idee der Umsatzsteuer stammt aus dem Jahre 1895. In diesem Jahre wurde in verschiedenen Eingaben an die Landtage der einzelnen Bundesstaaten seitens der Vereinigungen der Kaufleute eine Sonderbesteuerung der Waarenhäuser und Bazare beantragt.

In Bayern nahm sich der Abgeordnete Lutz, in Sachsen der Abgeordnete Rüder, in Preußen der Abgeordnete von Brockhausen der Sache an.

In Bayern haben die beiden Kammern am 15. November 1895 und am 29. Januar 1896 beschlossen, die Staatsregierung zu ersuchen, durch Zusätze zum Gewerbesteuergesetz die Waarenhäuser 2c. so hoch zu besteuern, daß dadurch der Ruin der kleinen Gewerbetreibenden verhindert werde.

Im Artikel 22 des neuen Gewerbesteuergesetz-Entwurfs ist dem dadurch Rechnung getragen, daß die Waarenhäuser mit einer Verstärkung der Normalanlage belegt werden können.

In Sachsen hatte im Dezember 1895 der Verband der sächsischen Kaufleute und Gewerbetreibenden eine Eingabe an die II. Ständekammer gerichtet. In dieser Eingabe wurde verlangt, daß jede Filiale des Detailhandels, gleichviel welcher Branche sie angehört und welchen Unternehmens sie auch ist, eine Betriebssteuer von 3 Prozent des Umsatzes bezahlen soll. Zugleich ist der Begriff Filiale gesetzlich festzulegen, damit keine Umwandlungen stattfinden können, denn es fehlt selbst im Handelsgesetzbuch die Erklärung des Begriffs „Filiale" oder „Neben-Geschäftsstelle".

Die Eingabe fand willige Unterstützung durch den Bürgermeister Rüder in Roßwein, der gleich nach Eingang der Petition einen Antrag dahingehend stellte:

> die Königliche Staatsregierung zu ersuchen, dem Landtag einen Gesetzentwurf vorzulegen, nach welchem selbständige Personen, welche außerhalb des Gemeindebezirks ihren wesentlichen Wohnsitz haben, sowie juristische Personen, Aktiengesellschaften, Kommanditgesellschaften auf Aktien, Erwerbs- und Wirthschaftsgenossenschaften, einschließlich der im Genossenschaftsregister nicht eingetragenen Konsumvereine, insoweit dieselben nicht lediglich die Vermittelung des Bezugs von ihrer Natur nach ausschließlich für den Gewerbebetrieb des Abnehmers bestimmte Waaren besorgen, eine für diese Gemeinde und von derselben zu erhebende, nach dem Bruttoumsatz des am Orte mit nicht selbstproduzirten Gegenständen betriebenen Detailhandels festgesetzte Umsatzsteuer bis zu 3 Prozent neben den sonstigen Gemeindeabgaben zu entrichten haben.

Dieser Antrag Rüder und Genossen wurde am 30. Januar 1896 berathen und dann der Beschwerde- und Petitionskommission überwiesen.

Wie man sieht unterscheiden sich beide Anträge wesentlich. Die Eingabe der Kaufleute ging nur auf Einführung einer Filialumsatzsteuer, auch für die Konsumvereine, der Antrag Rüder aber auf eine Umsatzsteuer auch für die Hauptgeschäfte, einschließlich der Konsumvereine.

Die Petitionskommission erstattete im Plenum am 27. März 1896 Bericht. Dr. Schill konstatirte in der Debatte ausdrücklich Folgendes:

„Meine Herren! Der Herr Abgeordnete Seifert hat seine Rede damit geschlossen, daß er behauptet hat, die Deputation beabsichtige mit ihrem Antrag, die Gemeinden zu veranlassen, die Konsumvereine, überhaupt die Erwerbs- und Wirthschaftsgenossenschaften, mit einer Gemeindesteuer zu belegen. Ich konstatire, daß das eine vollständig falsche Auffassung des Berichtes ist, denn es steht auf Seite 6 des Berichtes ganz ausdrücklich, daß die Deputation der Meinung ist, daß sich eine Gemeindebesteuerung der Konsumvereine nicht empfehle. Das steht ganz ausdrücklich drin. Der Herr Berichterstatter hat seinen Vortrag damit eingeleitet, daß er vor der mißverständlichen Auffassung von Antrag 1 gewarnt hat, nämlich wie Antrag 1 unter der Beleuchtung jenes Satzes auf Seite 6 zu verstehen ist, und daß mithin, da die Regierung mit uns vollständig einverstanden ist, viel eher zu erwarten ist, daß, wenn eine Gemeinde den Versuch machen sollte, die Konsumvereine zu besteuern, ein solches Regulativ nicht bestätigt werden würde, als das Gegentheil. Diese Berichtigung will ich nur noch ausdrücklich hervorheben."

Die II. Kammer nahm dann am 27. März folgende Resolution an:

I. die hohe Staatsregierung zu ersuchen,
   1. darüber sich Kenntniß zu verschaffen, inwieweit die Gemeinden von dem ihnen zustehenden Rechte autonomen Gebrauch machen werden, im Wege des Anlagenregulatives eine gewerbliche Sonderbesteuerung der Hauptniederlassungen und der Filialen von Betrieben eintreten zu lassen, die im Detailgeschäfte Lebensmittel, Genußmittel, Bekleidungsgegenstände und ähnliche für den täglichen Gebrauch dienende Artikel verkaufen, und
   2. im Falle eines sich zeigenden Bedürfnisses einem der nächsten Landtage einen Gesetzentwurf vorzulegen, der
      a) Aktiengesellschaften, Kommanditgesellschaften auf Aktien und andere mit juristischer Persönlichkeit ausgestattete großkapitalistische Assoziationen, die in Detailgeschäften Lebensmittel, Genußmittel, Bekleidungsgegenstände und ähnliche für den täglichen Gebrauch dienende Artikel verkaufen, und
      b) alle Filialgeschäfte der unter a bezeichneten Gesellschaften, desgleichen der Erwerbs- und Wirthschaftsgenossenschaften und der physischen Personen, sämmtlich, soweit sie sich mit dem Detailverkauf der unter a bezeichneten Gegenstände befassen, mit einer den Gemeinden zufließenden von diesen zu erhebenden präzipualen gewerblichen Steuer belegt, und
      c) bestimmt, daß unter Filialen sowohl mehrfache Verkaufsstellen an einem und demselben Orte neben der daselbst bestehenden Hauptverkaufsstelle, als auch solche Zweigniederlassungen zu verstehen sind, die an einem anderen Orte als dem der Hauptniederlassung errichtet werden;

II. die Erste Kammer um Beitritt zu dem vorstehend Beantragten zu ersuchen,

III. die Anträge und Petitionen 2c. hierdurch aber für erledigt zu erklären.

Entgegen dieser Resolution wurde die I. Kammer nicht am Beitritt ersucht bezw. ihr Beitritt nicht eingeholt, vielmehr erließ die sächsische Regierung bereits am 12. Mai 1896 eine Verordnung an die Kreishauptmannschaften, worin das Recht der Gemeinden, eine Sonderbesteuerung der Filialen und der großkapitalistischen Vereinigungen auf dem Gebiete des Detailhandels einzuführen betont wird und die Kreishauptmannschaften zur Einreichung solcher Gemeinderegulative, falls solche beschlossen würden, an das Ministerium aufgefordert werden. Daß die Gemeinden hierin eine Aufmunterung zur Einführung der Umsatzsteuer erblickten, war nur natürlich.

Nachdem die sächsische Regierung am 12. Mai 1896 ihre vorstehend erwähnte Verordnung erlassen hatte, entschlossen sich die sächsischen Konsumvereine zu gemeinsamer Stellungnahme gegen das Vorgehen der sächsischen Gemeinden und Regierung. Am 4. Oktober 1896 fand in Dresden eine Versammlung von 148 sächsischen Konsumvereinen statt, die von 362 Vertretern beschickt war; dieselbe nahm folgende Resolution an:

„Die heute im Saale des „Trianon" tagende, von 148 Konsumvereinen und ähnlichen Wirthschaftsvereinigungen durch 362 Vertreter beschickte öffentliche Versammlung, erklärt sich mit den Ausführungen der Referenten und mit der bisherigen Thätigkeit der sich gebildeten Kommission einverstanden.

Die Versammlung erachtet die von einer Anzahl Gemeinden bereits beschlossene, zum Theil geplante Einführung einer Umsatzsteuer für die Konsumvereine und dergleichen Wirthschaftsvereinigungen als im Widerspruch stehend mit dem Geiste der sächsischen Staatsverfassung, den Städteordnungen und der revidirten Landgemeindeordnung.

Die Einführung der Umsatzsteuer würde die davon betroffenen Wirthschaftsvereinigungen über Gebühr beschränken, zum großen Theile sogar illusorisch machen und somit den reichsgesetzlichen Rechtszustand verletzen, wie solcher durch das Genossenschaftsgesetz vom 1. Mai 1889 und durch die Reichsgewerbeordnung für die einzelnen Bundesstaaten gewährleistet ist.

Die Versammlung erklärt weiter, daß für eine solche außerordentliche Besteuerung der Konsumvereine und dergleichen Wirthschaftsvereinigungen nicht die geringsten ernstlichen Gründe vorhanden sind, erachtet deshalb die Einführung einer Umsatzsteuer als eine auf Beseitigung der wirthschaftlichen Vereinigungen der minder bemittelten Bevölkerung gerichtete Maßregel.

Aus den angeführten Gründen wird die bestehende Kommission beauftragt, im Namen der heute anwesenden Vertreter sächsischer Wirthschaftsvereinigungen sich mit einer schriftlichen Eingabe im Sinne der gemachten Ausführungen an das königliche Ministerium des Innern zu wenden, event. durch eine weitere Eingabe bei der zuständigen Reichsbehörde vorstellig zu werden."

Die Eingabe an das Ministerium ging am 6. November 1896 ab, in der die rechtliche Unzulässigkeit der Umsatzsteuer nachgewiesen wurde.

Am 26. November 1896 wurde eine von der sozialdemokratischen Fraktion im Reichstage eingebrachte Interpellation dort verhandelt. Der Abgeordnete Bebel begründete die Interpellation damit, daß das Vorgehen der sächsischen Regierung mit dem § 7 der Reichsgewerbeordnung im Widerspruch stehe, da die Umsatzsteuer nicht zu den dort für zulässig erklärten Gewerbesteuern gehörte. Weiter führte er aus, daß die sächsische Regierung den Beschluß der II. Kammer nicht richtig ausgeführt habe; daß die sächsischen Konsumvereine bereits ebensoviel Steuern zahlten, wie die übrigen Steuerpflichtigen; daß das Vorgehen der sächsischen Regierung nur aus ihrer übrigen Stellungnahme zu den Arbeitern zu erklären sei; daß die Sozialdemokratie nach wie vor den Konsumvereinen neutral gegenüberstehe.

Der Staatssekretär von Bötticher überließ die Rechtfertigung der sächsischen Regierung ihrem Geh. Rath Fischer. Derselbe führte aus:

„Die sächsische Regierung hat bei dieser Gelegenheit Licht und Schatten gleichmäßig vertheilt und sowohl den wirthschaftlichen Werth und die Bedeutung der Konsumvereine anerkannt, als auch auf der anderen Seite die Auswüchse bezeichnet, die beseitigt werden müssen. Die sächsische Regierung hat also keineswegs einen Vernichtungsfeldzug gegen die Konsumvereine beabsichtigt, sondern Licht und Schatten sachgemäß vertheilt. Die Regierung hat nachgewiesen, daß es zur Besteuerung der Filialgeschäfte und Konsumvereine keines Gesetzes bedarf, sondern dieselbe der Autonomie der Gemeinden unterliegt. Nach dem Beschluß der Zweiten Kammer mußte die Regierung eine Verordnung an die Kreishauptmannschaften erlassen, worin diese aufgefordert wurden, sich darüber zu erklären, ob und in welcher Weise von diesem autonomen Rechte Gebrauch gemacht werde. Nach der Interpellation mußte es den Anschein gewinnen, als wenn die Regierung die Kreishauptmannschaften und Gemeinden zur Einführung der Steuer anreizte. Das ist nicht der Fall, erfreulicher Weise auch von den Interpellanten nicht behauptet worden. Die Regierung hat Kenntniß davon, daß die Amtshauptmannschaft Zwickau den Erlaß an die Gemeinden mit dem besonderen Hinweis auf die Konsumvereine mitgetheilt hat. Der Amtshauptmann von Chemnitz soll einen Gemeinderath direkt zur Besteuerung eines Konsumvereins aufgefordert haben, aber erfolglos. Sie sehen also, was es mit solchen Verfügungen auf sich hat. Die Gemeinden können eben auf keinen Fall zu einem solchen Vorgehen gezwungen werden. Daß die eingeführte Sonderbesteuerung mit der Gewerbeordnung in Widerspruch steht, davon kann gar keine Rede sein. Was der Abg. Bebel für jene Behauptung angeführt hat, ist für die Frage völlig belanglos. In § 7 Ziffer 6 der Gewerbeordnung ist gesagt, daß Staats- und Gemeindeabgaben, welche gewerbesteuerartiger Natur sind, weiterhin unter das Landesrecht fallen, und nach der Auslegung des Begriffes „Abgabe“ durch das Reichsgericht kann die Berechtigung des Vorgehens der Regierung nicht zweifelhaft sein. Die Auferlegung einer Abgabe, welche einem Konsumverein das Leben ausblasen würde, würde zwar nicht dem Buchstaben, aber dem Geiste der Gewerbeordnung widersprechend sein. Dasselbe wird aber niemand von einer mäßigen Abgabe behaupten können. Von einem brutalen Vorgehen der Regierung darf also nicht gesprochen werden. Dem Beschluß des Gemeinderaths zu Burgstädt, 3 v. H. Umsatzsteuer aufzuerlegen, hat die Kreishauptmannschaft die Bestätigung versagt; es ist Beschwerde an das Ministerium eingelegt worden, der Entscheid steht noch aus.“

Die Abgeordneten Fuchs und Zimmermann übernahmen die Vertheidigung der sächsischen Regierung, die Abgeordneten Dr. Schneider und Haußmann traten diesen Ausführungen entgegen:

Abg. Dr. Schneider (fr. Volksp.): Der angeblich bedrohte kleine Mittelstand kann sich ebenso gut durch Bildung von Genossenschaften helfen, wie es die Arbeiter durch die Konsumvereine gethan haben. Statt dessen rufen Sie nach der Hilfe der Gesetzgebung und nach neuen Steuern, welche die unbequeme Konkurrenz todtmachen sollen. Was dem Einen recht ist, soll dem Andern billig sein. Es handelt sich für uns zunächst um die Frage, ob die Kompetenz des Reiches oder des Einzelstaates vorliegt; wir hören heute nur ein non liquet; die sächsische Regierung erwägt noch, was sie bezüglich der Umsatzsteuer thun wird. Der Begriff der Gewerbesteuer deckt sich unmöglich mit der hier geplanten Umsatzsteuer.

Abg. Haußmann (d. Volksp.): Die Rechtsfrage spitzt sich zu auf die Auslegung der Worte „vorbehaltlich der in den Gemeinden und Einzelstaaten erhobenen Gemeindesteuern“ in § 7 Ziffer 6 der Gewerbeordnung. Hierauf allein kommt es an. Nach meiner Meinung war der Wille des Gesetzes nur der, daß alle diejenigen öffentlichen Lasten, welche den Namen einer Gewerbesteuer verdienen, zugelassen bleiben sollten, andere nicht; zunächst also diejenigen, welche sich als Gewerbesteuern bezeichnen. Damit erhebt sich die Frage, ob es nicht gegen Wortlaut und Sinn des Gesetzes verstößt, wenn man einzelne Gewerbe oder gar innerhalb eines einzelnen Gewerbes einzelne Gewerbetreibende herausnimmt. Gerade „Sondersteuern" hat man damals unter allen Umständen ausschließen wollen. Prohibitivsteuern sind nach allgemeiner Meinung verboten. Damit ergiebt sich die Frage: Ist das, was in Sachsen eingeführt ist, eine solche Steuer? Nach dem, was der Abg. Bebel ausgeführt hat, scheint es so. Bei dieser Sachlage bedauere ich, daß der Vertreter der Reichsregierung nicht ausgesprochen hat, welche Interessen die überwiegenden seien: die der Konsumvereine oder der anderen großkapitalistischen Vereinigungen und Unternehmungen. Wenn man sich dieser Entscheidung entzieht, läßt man all dem Neid und all der Mißgunst gegen die letzteren weiter die Zügel schießen. Die Antisemiten dagegen bringen es bei ihrem Sturmlauf gegen das Großkapital nicht weiter, als daß sie die nützliche Form der Selbsthilfe in den Vereinigungen der Kleinen und Kleinsten zerstören. Derselben Uebertreibung machte sich der Zentrumsredner schuldig und zugleich eines Verstoßes gegen sein eigenes Programm, welches doch auf die Beseitigung, auf die Ausrottung des Zwischenhandels gerichtet ist. Niemand kann wünschen, daß der wirthschaftliche Entwickelungsgang aufgehalten werde, der die menschliche Arbeitskraft in immer geringerem Maße erforderlich macht; dieser Entwickelungsgang ist ein gesunder und würde ungesund nur sein, wenn Hand in Hand mit dieser Entwickelung ein Rückgang im Wohlstande einträte. Das ist in der That nicht der Fall.

Die sächsische Regierung schwankte nun einige Zeit hin und her, ob eine Umsatzsteuer rathsam und zulässig sei. In einer Erklärung im offiziösen Dresdner Journal vom 2. Februar 1897 hieß es:

„Eine Gewähr dafür, daß die geplante Steuer nicht über das Ziel hinausgreift und so mit ihrem Zwecke außer Verhältniß komme, dürfte auch bei einer Umsatzsteuer nicht geboten sein, namentlich dann nicht, wenn dabei alle Arten Betriebe, wie sehr sie sich auch hinsichtlich ihrer Organisation, ihrer Zwecke, ihres Geschäftsgebarens und sonst von einander unterscheiden, mit gleichem Maße gemessen werden sollen. Das Unbillige einer unterschiedslosen Anwendung dieses Maßstabes dürfte namentlich den Konsumvereinen gegenüber zu Tage treten, was um deswillen nicht unbedenklich sein würde, weil dieselben die überwiegende Anzahl ihrer Mitglieder in der ärmeren Bevölkerung, aber auch in den Kreisen des Mittelstandes einen immerhin nicht unerheblichen Theil derselben haben und auf deren Privatwirthschaft in mehrfacher Hinsicht von wohlthätigem Einflusse sind. Auch erscheint das Bedenken nicht unbeachtlich, daß eine Umsatzsteuer bei der Verschiedenheit des Nettoertrags, den der Umsatz je nach der Gattung der umgesetzten Waare ergibt, zu sehr ungleichen Ergebnissen führen würde, so daß es auch nicht leicht ist, einen angemessenen Prozentsatz für die Höhe der Steuer zu finden. Denn angenommen, daß der Reingewinn eines großkapitalistisch resp. genossenschaftlich oder mit Filialen betriebenen Kleinhandelsunternehmens in Waaren der hier fraglichen Art 10% des Umsatzes beträgt — wie dies nach den Geschäftsberichten solcher Unternehmungen Regel zu sein scheint — so würde eine neben den sonstigen Gemeindeanlagen (Gemeindeeinkommensteuer) zu entrichtende Sondersteuer von etwa 2% des Umsatzes schon eine Besteuerung des Reingewinns aus solchen Unternehmungen nach Höhe von mindestens 20% desselben gleichkommen; eine Belastung, die an sich schon ganz ungewöhnlich hoch, bei einer weiteren Steigerung bis zu 3% des Umsatzes die Grenzen einer verhältnißmäßigen Besteuerung gewiß überschreiten würde."

Aber in der Verordnung vom 6. Mai 1897 hatte das sächsische Ministerium bereits wieder seinen Standpunkt geändert. Es heißt darin:

„Wenn bisher zumeist, namentlich auch bei den bezüglichen Verhandlungen und Beschlüssen der vorerwähnten Deputation, sowie der Zweiten Kammer selbst, nicht minder in den angezogenen Verordnungen des Ministeriums — abgesehen von den Filialen — nur die großkapitalistischen Vereinigungen als zu besteuernde Subjekte ins Auge gefaßt und erwähnt wurden, so erscheint solches ohne Weiteres erklärlich und berechtigt, da einmal hierauf der äußerlich als erster Anlaß zu diesem Vorgehen erscheinende Antrag Rüder und Genossen sich beschränkt, sodann aber insbesondere die großkapitalistischen Vereinigungen es vor allem sind, in welchen sich der Großbetrieb der gegenwärtig in Betracht kommenden Art verkörpert und in die Erscheinung tritt. Indessen würde das Ministerium es nur als konsequent und dem erstrebten Zwecke dienend ansehen können, wenn unter Umständen — immer namentlich ein örtliches Bedürfniß vorausgesetzt — die Sonderstellung nicht auf einzelne Formen und Gestaltungen des Großbetriebes beschränkt, sondern auf den letzteren überhaupt erstreckt würde, ohne Rücksicht darauf, ob derselbe in der Hand eines Einzelnen, einer Aktiengesellschaft, einer Genossenschaft oder dergleichen liegt."

Die gegen die Zulässigkeit der Sonderbesteuerung erhobenen Bedenken erschienen dem Ministerium „nicht beachtlich", wie es in dieser Verordnung heißt. Das Höchstmaß der Umsatzsteuer wurde auf 2 Prozent festgesetzt.

Nach dieser Verordnung mußten die bisher beschlossenen Umsatzsteuer-Regulative wieder abgeändert werden.

In einer dritten Verordnung vom 25. September 1897 wurde bestimmt, daß im Falle der Einführung einer Umsatzsteuer alle Großbetriebe, gleichgültig ob sie Gesellschaften oder Einzelpersonen gehören, zu dieser Sonderbesteuerung herangezogen werden müssen.

So waren die Konsumvereine in Sachsen der Umsatzsteuer rettungslos ausgeliefert. Alle Proteste und Eingaben hatten nichts genützt. Am 30. Januar 1898 hielten die Konsumvereine wieder eine Protestversammlung — in Chemnitz — ab und nahmen folgende Resolution an:

„Die am 30. Januar 1898 im Saale des „Elysium" in Chemnitz tagende öffentliche Versammlung, in welcher 163 Konsum-, Produkten- und Waarenvertheilungs-Vereine durch 768 Verwaltungsrathsmitglieder vertreten sind, erklärt sich mit den Ausführungen des Referenten und der bisherigen Thätigkeit der Kommission einverstanden. Die Versammlung hält an der Anschauung fest, daß die Umsatzsteuer weder mit der sächsischen Landesgesetzgebung, noch mit der Reichsgewerbeordnung vereinbar ist.

Da aber das sächsische Ministerium trotzdem sechs Regulative über die gewerbliche Sonderbesteuerung der Konsumvereine genehmigt hat, so wird die Kommission beauftragt, wegen der Nichtbeachtung der §§ 37, 39 und 40 der sächsischen Verfassung über die Zulassung der Steuer, sowie des § 25 der Revidirten Städteordnung und des § 16 der Revidirten Landgemeindeordnung bei den beiden Ständekammern des sächsischen Landtages vorstellig zu werden.

Da durch die Genehmigung der Regulative die Reichsgewerbeordnung §§ 5 und 7 Abs. 6 verletzt erscheinen, so wird die Kommission weiter beauftragt, bei dem Reichstag und durch den Reichskanzler beim Bundesrath wegen dieser Verlegung vorstellig zu werden. Die Kommission wird wieder beauftragt, bei diesen Eingaben darauf hinzuweisen, daß gar kein Bedürfniß zum Schutze des Kleinhandels durch die Besteuerung des Umsatzes vorliegt.

Von ca. 400 Städten und Gemeinden, in welchen Konsum-, Produkten- und Waarenvertheilungs-Vereine oder Verkaufsstellen von solchen vorhanden sind, haben nur 12 Gemeinden die Einführung dieser Sonderbesteuerung beschlossen, trotzdem der Einfluß der Kleinhändler, unterstützt durch die Handwerker- und Hausbesitzer-Vereine, auf die Gemeindeverwaltungen ein ganz bedeutender ist.

Die Versammlung giebt den von der Umsatzsteuer betroffenen Vereinen auf, die Zahlung der Steuer nur unter schriftlichem Protest mit dem gleichzeitigen Bestreiten der Gesetzmäßigkeit dieser Sondersteuer zu bewirken und die Rückzahlung derselben im Klagewege zu fordern.

Auch werden die Vereine aufgefordert, unter allen Umständen an der genossenschaftlichen Organisation festzuhalten und in jedem Falle den Rath der Kommission einzuholen.

Die anwesenden Vertreter der sächsischen Konsum-, Produkten- und Waarenvertheilungs-Vereine erklären sich in dem Kampf gegen die Umsatzsteuer mit den von derselben betroffenen Vereinen solidarisch und werden Alles aufbieten, um diesen Vernichtungsfeldzug gegen die genannten Vereine abzuwehren."

Auf die Widersprüche in dem Vorgehen und den Verordnungen der Regierung mußte selbst der Vater der sächsischen Umsatzsteuer, Herr Rüder, die Regierung in der Kammerdebatte vom 15. Februar 1898 aufmerksam machen. Der nationalliberale Abgeordnete Dr. Schill, der sich gegen die Umsatzsteuer erklärte, konnte weiter der Regierung nicht den Vorwurf ersparen, daß sie die Heranziehung auch der Konsumvereine zu der Sonderbesteuerung zugelassen habe, obwohl die Mehrheit der Deputation, welche den Antrag Rüder zu berathen hatte, sich ausdrücklich gegen die Besteuerung der Konsumvereine, sondern nur für die Besteuerung der Filialen derselben erklärt habe. Staatsminister von Metzsch mußte das zugeben.

Die Hauptniederlassungen der Konsumvereine sollten demnach in Sachsen ursprünglich überhaupt nicht von der Sondersteuer betroffen werden, thatsächlich aber hat sich unter den Händen der Regierung das Blatt so gewendet, daß bisher in der Hauptsache nur die Konsumvereine die Leidtragenden sind.

Die Steuer darf 2 Prozent des Umsatzes nicht übersteigen und soll nur da erhoben werden, wo ein örtliches Bedürfniß vorliegt.

„In dem durch die Sondergewerbesteuer beabsichtigten und zu schaffenden Ausgleiche zwischen den dem Großbetriebe ohne Weiteres, sowie oft in unverhältnismäßiger und erdrückender Weise zur Seite stehenden wesentlichen Vortheilen und der durch sein Bestehen den Kleinhandel- und Kleingewerbtreibenden verursachten Schädigung hat die Sondergewerbesteuer ihre Berechtigung, zugleich aber auch ihre Grenze zu finden. Ein örtliches Bedürfniß wird nun im Allgemeinen dann angenommen werden können, wenn der Großbetrieb in einer Gemeinde des Kleinhandels sich derart bemächtigt hat, daß dadurch in augenfälliger Weise das Fortbestehen eines, auch im Allgemeinen und namentlich im Interesse jeder Gemeinde zu erhaltenden Mittelstandes im Kleinhandel und Kleingewerbe erheblich erschwert oder gar unmöglich gemacht wird."

Die Bestimmung der Grenze, bei der die Steuerpflicht beginnen solle, hat die sächsische Regierung den einzelnen Gemeinden überlassen; in Burgstädt und Markranstädt fängt die Steuer bei 50 000 Mark, in Leisnig, Waldheim, Crimmitschau, Großenhain bei 100 000 Mark, in Rötha bei 20 000 Mark an. Bisher wird die Umsatzsteuer in Sachsen etwa in 10 Orten eingeführt sein, der Steuersatz beträgt durchgehend 2 Prozent, d. h. etwa 25 Prozent des Reinertrages. Die Konsumvereine haben nun den Weg beschritten, daß ein größerer Konsumverein die Zulässigkeit der Umsatzsteuer gerichtlich zu bestreiten versucht.

In Chemnitz, wo seitens der Stadtverordneten-Versammlung die Einführung einer Umsatzsteuer beantragt war, hat der Magistrat dieselbe am 29. Juli 1897 abgelehnt:

„In der Erwägung, daß die von den Stadtverordneten in der Sitzung vom 15. April dieses Jahres vorgeschlagene Sonderbesteuerung der bereits mit hohen Steuern belegten Konsumvereine und ähnlicher Vereinigungen der Gerechtigkeit und Billigkeit nicht entspricht, sondern als eine wie eine Verzehrungssteuer wirkende, zu Gunsten der besser bemittelten Klassen einem großen Theile der zahlreichen Chemnitzer Arbeiterbevölkerung auferlegte Sonderbelastung zu bezeichnen ist, überdies den Zweck, das Kleingewerbe zu fördern, nicht erfüllt, weil die Belegung solcher Vereine mit 2 Prozent Umsatzsteuer von denselben getragen werden wird, ohne daß eines ihrer Mitglieder deshalb seine Einkäufe den Kleingewerbetreibenden zuwendet, daß ferner der Nachweis eines örtlichen Bedürfnisses zu einer solchen Steuer nicht als erbracht angesehen werden kann, von Erhebung einer Sondersteuer von den in dem von den Stadtverordneten angenommenen Regulativ unter 1 und 2 des § 2 aufgeführten Vereinigungen abzusehen."

In Frankenberg in Sachsen hat der dortige Bürgermeister Dr. Mettig in einem dort vor Kaufleuten gehaltenen Vortrage sich gegen die Umsatzsteuer für Konsumvereine erkärt:

Ein Recht zu dieser Steuer bestehe überhaupt nicht. Die Hauptursache der schwierigen Verhältnisse, unter denen die Kleinkaufmannschaft leide, sei die enorm wachsende Zahl der Konkurrenzgeschäfte. So sei von 1863 bis 1896 die Zahl der Materialwaarenhandlungen in Frankenberg um 118 Prozent, die Zahl der Bevölkerung jedoch nur um 40 Prozent gestiegen. Würde die Umsatzsteuer die Lage der Materialwaarenhandlungen verbessern, dann würden zweifellos bei dem jetzigen Ueberschuß an wirthschaftlich thätigen Kräften sofort neue Konkurrenzgeschäfte entstehen, und die Verhältnisse wären bald wieder wie bisher. Man sollte nicht vergessen, welche bedeutsame Kulturaufgabe die Konsumvereine zu erfüllen hätten.

In Dresden war die Sondersteuervorlage einem Rechtsausschuß der städtischen Kollegien überwiesen. In dieser Vorlage war nach vielfachen Abänderungen eine Sonderbesteuerung der Filialen vorgeschlagen. In Ihrem Berichte vom 13. Juni 1898 hat nun die Mehrheit des Rechtsausschusses die Filialbesteuerung abgelehnt, und zwar aus dem Grunde, weil die privaten Besitzer von Zweiggeschäften genug Mittel und Wege finden würden, die Steuer zu umgehen und weil die dann allein übrig bleibende Besteuerung der Konsumvereine fast ausnahmslos die ärmeren Klassen der Bevölkerung treffen würde. Der obenerwähnte Bericht schlägt nun dem Rathe vor, zu erwägen, ob an Stelle der Konsumvereinssteuer nicht die Einführung einer progressiven Gewerbesteuer für den Kleinhandelsbetrieb sowie einer besonderen Besteuerung der Kleinhandel treibenden Zweiggeschäfte auswärtiger Unternehmungen thunlich sei und zwar in der Art, wie dieselbe von mehreren sächsischen Städten, wie Waldheim, Crimmitschau, Burgstädt, Leisnig 2c. bereits beschlossen worden ist. Die Besteuerung soll eintreten bei einem Jahresumsatze von über 200 000 bis 500 000 Mark mit 1/2 vom Hundert, bei einem Jahresumsatze von über 500 000 bis 1 000 000 Mark mit 1 vom Hundert und bei einem Jahresumsatze von über 1 000 000 Mark mit 2 vom Hundert des Jahresumsatzes. Geschäfte, bei denen der Jahresumsatz den Betrag von 200 000 Mark nicht übersteigt, sollen von der Gewerbesteuer befreit sein.

Wie man sieht, will man in Dresden es wenigstens milder wie in anderen Städten machen.

Trotzdem hätte man erwarten können, daß man in Dresden sich der Idee der Umsatzsteuer gegenüber ablehnend verhalten würde. Hat doch die Handels- und Gewerbekammer in ihrem letzten Jahresbericht ausgeführt, daß der Kleinhandel am meisten unter seiner eigenen übermäßigen Uebersetzung und Konkurrenz leide, da

die Zahl der kleinen Ladengeschäfte in Dresden weit stärker als die Bevölkerung wachse, wie „die Anmeldungen beim Gewerbeamte beweisen. „Diese übermäßige Zunahme der größtentheils dem Kleinhandel zugehörigen Geschäfte und in vielen

Fällen auch ungenügende kaufmännische Bildung ihrer Begründer dürfte wohl sicherlich am meisten dazu beitragen, daß der Wettbewerb im Kleinhandel vielfach ein ungesunder geworden und dadurch auch dem tüchtigen, soliden Kaufmann das Geschäft sehr erschwert ist. Wenn einmal die jetzt sehr gestiegene Kaufkraft der großen Arbeitermassen wieder abnehmen sollte, so würden diese Uebelstände wohl leider noch viel deutlicher hervortreten."

In Leipzig hatte die „Vereinigung gegen Konsumvereine" bereits 1896 eine Eingabe an den Rath und das Stadtverordneten-Kollegium gerichtet, mit dem Antrage, eine Besteuerung der Konsumvereine herbeizuführen. Diese Eingabe wurde, wie man es auch nicht anders erwartet hatte, unerledigt gelassen, zumal da die Leipziger Handelskammer in ihrem Jahresbericht für 1895 auf Seite 83 ausgeführt hatte:

„Die Kammer beschloß, die Eingabe*) in Anbetracht ihrer gänzlichen Unvereinbarkeit mit den Grundsätzen der bisherigen Steuergesetzgebung auf sich beruhen zu lassen."

Auch eine zweite Eingabe an die städtischen Behörden hatte den gleichen Erfolg. Darauf hin hat der Schutzverband für Handel und Gewerbe in Leipzig am 17. August 1898 an das sächsische Ministerium eine Eingabe gerichtet, in der das Ministerium „dringend um eine Untersuchung gebeten wird, woran es liegt, daß eine so wichtige Eingabe in der bereits wieder verflossenen langen Zeit so oder so noch nicht endgiltig erledigt werden konnte".

Die Vereinigung gegen Konsumvereine hat dann weiter eine Deputation an die Königl. Kreishauptmannschaft von Leipzig in der gleichen Angelegenheit gesandt. Nach der bisherigen prinzipiell ablehnenden Stellung des Oberbürgermeisters Georgi von Leipzig gegen die Umsatzsteuer bleibt abzuwarten, ob dies unaufhörliche Bombardement doch noch von Erfolg gekrönt sein wird.

In Hamburg, das von der Natur doch eigentlich als Seestadt zu einem Hort des Freihandels prädestinirt sein sollte, haben die Kleinhändler schon seit Jahren einen überaus heftigen Feldzug gegen Waarenhäuser und Konsumvereine eröffnet. Im Jahre 1895, 10. Juli, wurde in der Hamburger Bürgerschaft ein Ausschuß niedergesetzt, der den Antrag des Dr. Eddelbüttel, betreffend etwaige bei den Konsumvereinen hervorgetretene Mißstände, prüfen sollte. Dieser Ausschuß hat nun im Juni 1898, nachdem er acht Sitzungen abgehalten hat, einen Bericht erscheinen lassen. Eine Einigung über die wichtigsten Punkte konnte nicht erzielt werden. Schließlich wurde mit 5 gegen 4 Stimmen der Antrag auf Einführung einer Umsatzsteuer angenommen. Der Vorschlag der Kommission lautete:

Die Bürgerschaft wolle unter Ueberweisung dieses Berichts an den Senat

1. beschließen und den Senat um seine Mitgenehmigung ersuchen, daß das Gesetz, betreffend die Abänderung des Gesetzes über die Erwerbs- und Wirthschaftsgenossenschaften vom 1. Mai 1889, sowie den Geschäftsbetrieb von Konsumanstalten vom 12. August 1896, auf Beamten-Konsumvereine in Hamburg, die nicht Genossenschaften sind, ausgedehnt werde;

---

*) die gleichen Inhalts war, wie die oben erwähnte an den Rath und das Stadtverordneten-Kollegium der Stadt Leipzig.

2. den Senat ersuchen,
ihr baldthunlichst Vorlagen zu machen, nach welchen die eingetragenen Konsumvereine und sonstigen Vereinigungen, deren wesentlicher Geschäftszweck es ist, ihren Mitgliedern oder bestimmten Berufskreisen in dem Bezuge von Waaren Vortheile zu schaffen, zur Zahlung einer Umsatzsteuer herangezogen werden;
3. den Senat ersuchen,
den Konsum- und Beamtenvereinen aufzuerlegen, daß Waaren aus den Waarenverkaufsstellen Seitens der Mitglieder nur innerhalb der Geschäftsräume gegen Kontobuch, in welches die gekauften Waaren bei Entnahme eingetragen werden müssen, entnommen und verabfolgt werden dürfen.

Der Antrag auf Einführung einer Umsatzsteuer ist aber von der Bürgerschaft am 12. Oktober 1898 abgelehnt worden, nachdem sich der Bürgermeister Dr. Mönckeberg sehr entschieden gegen sie ausgesprochen hatte.

In Preußen hatte in der Session 1895/96 der konservative Abgeordnete von Brockhausen im Abgeordnetenhause einen Antrag auf Besteuerung der Waarenhäuser 2c. eingebracht. Am 14. April 1896 kam der Antrag im Plenum zur Vorberathung. In seiner Begründung bezog sich der Antragsteller nur auf die Waarenhäuser und Bazare, und zwar besonders wieder nur auf die unsoliden Reklameunternehmungen, welche minderwerthige Waaren führten. Die „Auswüchse des Großkapitals" sollten thunlichst eingeschränkt werden. Die Konsumvereine waren augenscheinlich von diesem Antrage nicht getroffen, sie wurden mit keinem Worte erwähnt. Nur die Konservativen und das Zentrum sprachen sich für die Steuer aus, die übrigen Redner (von Tzschoppe und von Eynern) verhielten sich kritisch. Auch der Finanzminister von Miquel erklärte, er sei sehr skeptisch in dieser Sache, das Prinzip der Gewerbefreiheit dürfte nicht verletzt werden, auf der unsere ganze Wirthschaft heute beruhe. Er wies allerdings schon damals auf das Recht der Kommunen hin, besondere Gewerbesteuern für die Gewerbebetriebe einzuführen.

In der Kommission brachten die Zentrumsmitglieder Kircher, Fuchs, von Hagen einen Gesetzesentwurf ein, wonach bei einem Umsatz von 110 000 Mark die Steuer mit 0,2 % beginnen und für jede weitere 10 000 Mark um 0,1 % steigen sollte. Bei einer Million Umsatz würde sie darnach schon 9 % betragen, also den ganzen Reingewinn verschlingen.

Der Abgeordnete v. Brockhausen brachte selbst noch einen Entwurf ein, dessen Hauptinhalt folgender war:

Die Betriebssteuer für Waarenhäuser und Versandgeschäfte beträgt, sofern Waaren von 4 bis 10 verschiedenen Gattungen bezw. Industriezweigen oder Handwerken geführt werden, für jede Gattung 25 % der Gewerbesteuer und für jede weitere die Zahl 10 übersteigende Gattung 50 % der Gewerbesteuer.

Die Betriebssteuer für Bazare beträgt:

in der Gewerbesteuerklasse	IV	25 %	der Gewerbesteuer,
" " "	III	50 "	" "
" " "	II	75 "	" "
" " "	I	100 "	" "

Sind Waarenhäuser oder Versandgeschäfte zugleich Bazare, so werden sie zu der gesammten hiernach zu berechnenden Betriebssteuer herangezogen.

Die Kommission gab mit 8 gegen 4 Stimmen folgende Direktive in Form einer Resolution:

„Das Abgeordnetenhaus wolle beschließen, die Staatsregierung zu ersuchen, einen Gesetzentwurf vorzulegen, wonach 1. von solchen gewerbesteuerpflichtigen Betrieben, welche als Großbetriebe in Anwendung auf den Detailverkauf (Kleinbetrieb) zu bezeichnen sind und Waaren verschiedener Gattungen im Kleinhandel in offenen Verkaufsstellen feilhalten oder im Wege des Versands mittels Post, Eisenbahn oder sonstiger Verkehrsmittel an Konsumenten zum Verkauf bringen (Waarenhäuser, Bazare, Versandgeschäfte) neben der Gewerbesteuer eine besondere Betriebssteuer erhoben wird, 2. die Steuerpflicht bei einem jährlichen Ertrage von etwa mehr als 20 000 Mark oder einem jährlichen Umsatze von etwa mehr als 300 000 Mark beginnt, 3. die einzelnen Waarengattungen gesetzlich festgestellt werden unter Ausschluß der Produkte der Landwirthschaft, 4. die Steuer nach der Zahl der geführten Waarengattungen, sowie nach dem jährlichen Umsatze aufsteigt, 5. die Steuer an Kommunalverbände überwiesen wird."

In der Plenarberathung über den Antrag Brockhausen am 9. Juni 1896 fand diese Resolution nur wenig Gegenliebe. von Hagen, von Brockhausen, Fuchs suchten sie zu vertheidigen, aber die Wucht der Argumente, welche von Richter, Hausmann, Bueck, Burghart, Gothein dagegen geltend gemacht wurden, waren geradezu erdrückend. Richter wies die Inkonsequenzen und Widersprüche in dem Vorgehen der Agrarier nach, die sonst überall den Zwischenhandel auszuschalten strebten und hier sich als Retter des Kleinhandels aufspielen wollten.

Hausmann wies darauf hin, daß das Ausland sehr mit einer solchen Steuer einverstanden sein würde, da sie die Konkurrenzfähigkeit unserer großen Geschäfte lähmen würde.

Der Regierungsvertreter Burghart sprach den Bundesstaaten das Recht ab, einzelne mißliebige Gewerbebetriebe durch strangulirende Steuern einzuschränken.

Das preußische Abgeordnetenhaus nahm daher die obige Resolution mit der Veränderung an: „die Königliche Regierung zu ersuchen, gesetzgeberische Maßregeln zu erwägen, nach welchem" u. s. w.

Demnach mußte man annehmen, der Finanzminister habe seine Ansicht, daß die einzelnen Gemeinden das Recht zur Einführung solcher strangulirenden Steuern besäßen, geändert. Nachdem nun inzwischen Sachsen auf dieser Bahn bedeutende Fortschritte gemacht und der Zentralverband deutscher Kaufleute und die in Berlin 1897 gegründeten Vereine selbstständiger Gewerbetreibender eine lebhafte Agitation gegen die Waarenhäuser und Konsumvereine entfaltet hatten, brachten die Abgeordneten von Brockhausen und Genossen 1898 eine Interpellation ein:

„Welche Maßnahmen hat die königliche Staatsregierung in Aussicht genommen, um die Schäden und Gefahren, welche dem gewerblichen Mittelstande durch die den Detailhandel mit Waaren verschiedener Gattungen betreibenden großkapitalistischen Unternehmungen entstehen, thunlichst einzuschränken?",

die am 19. April zur Besprechung gelangte. Das Facit dieser Erörterungen — es sprachen 12 Redner — war, daß man sich nur über eins klar wurde, über die große, zunächst unüberwindbare Schwierigkeit, das Ziel, die Ueberlegenheit der großen Waarenhäuser über die kleineren Gewerbetreibenden durch eine höhere Besteuerung wett zu machen, zu erreichen.

von Brockhausen befürwortete zunächst den Versuch der kommunalen Regelung, und wenn das in den größeren Kommunen nicht gelingen sollte, die staatliche Gesetzgebung. — Hausmann hielt die Umsatzsteuer für ungerecht, wies aber eine höhere Besteuerung der großen Geschäfte nicht von der Hand. — Dasbach setzte auf die kommunale Besteuerung keine Hoffnung, sondern sprach sich für die bundesstaatliche Regelung aus. — Gothein hielt die Umsatzsteuer nicht für zweckmäßig und empfahl dafür eine Laden- oder Miethsteuer. Er warnte davor, Steuern zu Tendenzzwecken zu erheben. — Arndt erklärte sich für reichsgesetzliche Regelung. — Pleß glaubte, die Umsatzsteuer werde nichts helfen. — Winckler hielt den vorgeschlagenen Weg, gleichgültig in welcher Form, für gangbar. — Hahn befürwortete auch reichsgesetzliche Besteuerung des Umsatzes, das allerdings ein „etwas brutales Mittel" sei, und schlug die Berufung einer Kommission von Männern des praktischen Lebens vor.

Weit mehr Interesse aber als diese widerstreitenden Meinungen nahmen die Erklärungen des Finanzministers von Miquel und des Generaldirektors der direkten Steuern, Burghart, für sich in Anspruch. Bei letzterem war eine völlige Aenderung der Ansichten, gegenüber dem Standpunkt von 1896, zu konstatiren, während von Miquel in seiner geschickten Weise bei allem anscheinenden Entgegenkommen doch mehr seinen ablehnenden Standpunkt beibehielt.

Während Burghart 1896 noch bezüglich der wirthschaftlichen und sozialen Konsequenzen und vom Rechtsstandpunkt aus eine völlig ablehnende Haltung angenommen hatte — Miquel hatte allerdings schon damals auf die kommunale Besteuerung verwiesen —, war er diesmal das Entgegenkommen selbst. Während er 1896 die Umsatzsteuer eine strangulirende genannt hatte, die in die Kompetenz des Reiches eingreife und daher unzulässig sei, erklärte er jetzt, die Regierung „schrecke vor keiner Höhe der Steuer zurück".

Der Finanzminister wies auf die Autonomie der Kommunen in der Ausgestaltung der Gewerbesteuer hin, betonte, daß die Umsatzsteuer nach der Leistungsfähigkeit und Gleichmäßigkeit zu bemessen sei und behielt sich, falls die kommunale Regelung versage, die staatliche Besteuerung vor. Aber er warnte davor, den Weg der Gerechtigkeit und Gleichmäßigkeit zu verlassen und willkürlich nach den zeitweilig herrschenden sozialen Anschauungen Steuern zu erfinden. „Diese Erfahrung habe man auch in allen Ländern gemacht, diejenigen, die derartige Dinge in einer unvorsichtigen Weise vorschlagen, drehen sich leicht selbst den Strick, an dem sie auch erhängt werden." Ein Versuch, der nichts helfe, werde nur Mißstimmung erregen. In Preußen aber sei die Sache schwieriger als in anderen Ländern, einmal, weil die Gewerbesteuer Kommunalsteuer, und sodann, weil die Besteuerung Landessache sei.

Ganz unzweifelhaft aber war es, daß, wie 1896, auch 1898 das Umsatzsteuerprojekt nur auf Waarenhäuser und Bazare, nicht auf die Konsumvereine gemünzt war. In den Debatten von 1896 wurden die Konsumvereine nicht erwähnt; 1898 zog Abgeordneter Gothein-Breslau den Breslauer Konsumverein und die Beamten- und Offiziers-

Konsumvereine in die Debatte, aber nur aus dem Gesichtspunkte, daß diese Vereine nicht zur Einkommensteuer herangezogen werden könnten. Und der Abgeordnete Hahn, der Direktor des Bundes der Landwirthe der es doch unbedingt wissen mußte, erklärte ausdrücklich: „Ich will auf diese Klagen (gegen die Konsumvereine und Waarenhäuser der Beamten und Offiziere) hier nicht eingehen, weil wir bei einem anderen Thema sind, bei den großen Waarenhäusern, den Ramschgeschäften, aber nicht bei den Konsumvereinen und ähnlichen genossenschaftlichen Bildungen." Dem wurde von keiner Seite, auch nicht von Seiten der Regierungsvertreter, widersprochen.

Demnach sind wir vollberechtigt, festzustellen, daß in Preußen die Antragsteller, die Regierung und das Abgeordnetenhaus durchaus nicht die Absicht hatten, die Umsatzsteuer auch auf die Konsumvereine zu erstrecken; sie war vielmehr nur für die Waarenhäuser gedacht.

Wir wollen daher auch nicht annehmen, daß es den Konsumvereinen in Preußen ebenso gehen wird wie in Sachsen, wo man ebenfalls nicht die Konsumvereine treffen wollte, und wo diese schließlich allein die Steuer zu tragen haben.

Uebrigens wollen wir auch an dieser Stelle ausdrücklich konstatiren, daß der Zentralverband deutscher Kaufleute als solcher für die Konsumvereine die Abhängigmachung derselben vom Bedürfniß fordert, während er die Umsatzsteuer nur für die Waarenhäuser und Bazare verlangt. Dies trifft sowohl auf die Eingabe vom Dezember 1896 als auch auf die späteren, und auf die in Wiesbaden im August 1898 gefaßte Resolution zu, welche lautet:

„Die Generalversammlung des Centralverbandes deutscher Kaufleute spricht ihr Bedauern aus, daß nach zehnjährigem Kampfe des Verbandes um die Erhaltung des gewerblichen Mittelstandes den Vorschlägen und Eingaben des Vorstandes seitens der in Betracht kommenden Behörden so wenig Entgegenkommen gezeigt ist. Im Sinne der allgemeinen Gerechtigkeit erwartet der Verband, daß die hohen Staatsregierungen ihren von der Allgemeinheit unterhaltenen Beamten jede Stellung und Thätigkeit im Vorstande von Konsumvereinen verbieten. Aus Billigkeitsgründen darf man ferner die Erwartung aussprechen, daß Beamte des Staates und der Gemeinden sowie Offiziere der Armee und Marine sich überhaupt nicht an der Unterstützung der Konsumvereine durch ihre Mitgliedschaft betheiligen, um dadurch einen großen Theil ihrer Mitbürger und Steuerzahler zu schädigen. Die Versammlung erklärt überdies, daß die Konsumvereinsfrage nur zu lösen ist durch ein Gesetz, welches Konsumvereine nur nach Bedürfniß gestattet und denselben die Vertheilung von Dividenden verbietet. Ebenso müssen dieselben zu allen Steuern herangezogen werden, welche auch der Gewerbetreibende zu zahlen hat."

In den einzelnen Städten aber agitiren die Kolonialwaarenhändlervereine lebhaft für eine Umsatzsteuer für Konsumvereine; in Sachsen haben sie es ja auch theilweise schon erreicht. Das ist aber eine bedenkliche Inkonsequenz, auf die wir aufmerksam zu machen nicht unterlassen wollen.

Die von Dr. Hahn angeregte Konferenz von Sachverständigen fand am 18. Juni beim Finanzminister statt. In einem Schreiben an den Zentralverband der Vereine selbständiger Gewerbetreibender berichtete der Finanzminister Folgendes:

„Dem Zentralverband der Vereine selbstständiger Gewerbetreibender Berlins theile auf das Schreiben vom 31. v. M. ergebenst mit, daß sich in der am 18. v. M. stattgehabten Besprechung zwar die den kleineren und mittleren Gewerbetreibenden angehörende bezw. deren Interessen vertretende Mehrheit der aus gewerblichen Kreisen Zugezogenen für eine Bekämpfung der Waarenhäuser 2c. durch eine schärfere Besteuerung ausgesprochen hat. Darüber jedoch, nach welchen Grundsätzen eine solche Besteuerung zweckmäßig erfolgen könne, und ob sie durch Staatsgesetz vorzuschreiben oder der kommunalen Autonomie zu überlassen sei, bestanden unter den Theilnehmern an der qu. Besprechung noch Meinungsverschiedenheiten. Seitens der Mehrzahl der Theilnehmer aus gewerblichen Kreisen wurde einem autonomen Vorgehen der Gemeinden der Vorzug gegeben. Der Bearbeitung der in der Konferenz vom 18. v. M. behandelten Fragen wird gegenwärtig weiterer Fortgang gegeben, und ist bereits zu der erforderlichen Verständigung zwischen den betheiligten Ressorts Einleitung getroffen. Sollte es sich bestätigen, daß eine den kommunalen und sozialpolitischen Rücksichten entsprechende Umgestaltung der bestehenden Gewerbesteuer im Wege der kommunalen Autonomie keinen ausreichenden Erfolg erwarten läßt, so würde auch der Eventualität eines landesgesetzlichen Eingreifens näher getreten werden müssen, wenn auch bei Einschlagung dieses Weges trotz sorgfältiger Erwägung die besonderen Verhältnisse und Bedürfnisse der einzelnen Gemeinden, wie auch von verschiedenen Seiten in der Konferenz anerkannt wurde, nur in geringerem Maße Berücksichtigung finden könnten."

Diese Erklärungen decken sich mit denen des Finanzministers im Abgeordnetenhause, sie sind ein Beweis dafür, daß unnatürliche Maßregeln, welche nur von einseitiger Interessenagitation ersonnen sind, keine Aussicht auf Unterstützung haben.

In einzelnen Städten Preußens wird der Kampf um eine Sondersteuer bereits lebhaft geführt, bezeichnenderweise ist bei einigen wieder der Feind, auf den man losgeht, die Konsumvereine, obwohl diese von der Umsatz- oder Sondersteuer gar nicht getroffen werden sollen.

Schon im vorigen Jahre wurden in Teuchern*), Wettin, Stendal, Suhl, Kiel Anträge auf Einführung von Sondersteuern gestellt, im laufenden Jahre folgten Mühlhausen, Magdeburg, Breslau, Berlin 2c.

Der oberschlesische Städtetag, welcher am 27. Juni 1898 in Pleß versammelt war, hat bezüglich der höheren Besteuerung der Großbazare und Konsumvereine folgende Resolution angenommen:

„Der Oberschlesische Städtetag erkennt an, daß durch das Ueberhandnehmen der Waarenhäuser, Schleuderbazare und Konsumvereine die mittleren und kleineren Betriebe im Handelsgewerbe in ihren wirthschaftlichen Lebensbedingungen empfindlich bedroht sind. Er erblickt die hauptsächlichste Gefahr darin, daß die ersteren Betriebe vorzugsweise die Erzielung eines möglichst großen Umsatzes im Auge haben und dies durch Verschlechterung der Qualität des Verkaufsartikels einerseits und durch möglichste Herabdrückung des kaufmännischen Nutzens andererseits zu erreichen suchen. Als Abhilfemaßregel empfiehlt der Oberschlesische Städtetag den Verbandsgemeinden, eine progressiv steigende Umsatzsteuer von 1½ pro Mille bis 4 Prozent, jedoch mit der Maßgabe, daß von der veranlagten Umsatzsteuer die aus dem gewerblichen Einkommendes Unternehmens herrührende Gemeindesteuerleistung in Abzug gebracht wird."

Dagegen lehnte der 32. schlesische Gewerbetag, der 1898 in Grünberg abgehalten wurde, mit großer Majorität den Antrag der städtischen Behörde ab, zum Schutz des Kaufmannsstandes gegen die Waarenhäuser die Einführung einer Umsatz- und Betriebssteuer zu empfehlen.

---

*) Teuchern hatte bereits die Einführung einer Umsatzsteuer beschlossen, das Steuerreglement erhielt aber nicht die Genehmigung der Regierung.

Einzelne preußische Städte sind bereits mit der Einführung, bezw. Berathung von Sondersteuern vorgegangen.

So beschloß in Mühlhausen in Thüringen die dortige Stadtverordnetenversammlung am 30. Dezember v. J. die Einführung einer besonderen Gewerbesteuer, nach welcher das Betriebskapital versteuert wird, und zwar in den Klassen I und II mit 1¼ Prozent, in Klasse III mit 1 Prozent; Klasse IV soll zu der besonderen Gewerbesteuer nicht mit herangezogen werden. Ferner sollen in den Gewerbesteuerklassen I, II und III für alle diejenigen Betriebe, in denen mehr als 20 Personen (Handlungs- und Gewerbegehilfen, Gesellen, Lehrlinge, Fabrik- und andere Handarbeiter) beschäftigt werden, die in §§ 9 und 14 des Gesetzes vom 24. Juni 1891 festgestellten Steuersätze unter Erhöhung um 12½ Prozent bei einer Beschäftigung von mehr als 20 bis einschließlich 50 Personen, um 25 Prozent bei einer Beschäftigung von mehr als 50 Personen der Gemeindebesteuerung zu Grunde gelegt werden. Für Betriebe der Klassen I, II und III, in denen mehr als 20 Personen beschäftigt werden, tritt eine Erhöhung der vorerwähnten Steuersätze ein, wenn die Zahl der beschäftigten Personen beträgt: a) nicht mehr als 200 für jede angefangene Zahl von 10 Personen um 1 Prozent, b) mehr als 200 für jede angefangene Zahl von 50 Personen um 6 Prozent. Maßgebend für die Erhöhung des Steuersatzes nach der Zahl der beschäftigten Personen ist der durchschnittliche Stand in dem letzten Jahre oder der letzten kürzeren Betriebszeit.

Ferner hat in Beuthen i. O.-Schl. die Stadtverordnetenversammlung folgende Sondersteuervorlage genehmigt:

Die Großbetriebe (Waarenhäuser), die mehr als 25 Personen beschäftigen, sollen mit ½ Prozent des Ertrages und einer progressiv steigenden Kopfsteuer zur Gewerbesteuer herangezogen werden. Die Kopfsteuer wird bei 20—40 Personen auf 30 Mark, bei 40—60 Personen auf 40 Mark, bei 60—80 Personen auf 50 Mark und bei 80—100 Personen auf 60 Mark pro Kopf berechnet werden. Außerdem soll 1 Prozent der Gebäudesteuer respektive des Miethsertrages in Anrechnung kommen. Diesem Vorschlage wurde mit allen gegen drei Stimmen zugestimmt.

Es handelt sich bei diesem Beuthener Beschlusse um ein bestimmtes Waarenhaus, das der Breslauer Firma Gebr. Barasch, das erst seit einem Vierteljahr besteht. Der von ihm zu entrichtende Steuersatz ist auf 10 000 Mark veranschlagt, was bei dem angenommenen Umsatze von 600 000 Mark 1,8 Prozent des Umsatzes Extrasteuer ausmachen würde.

In Köln a./Rh. ist eine neue (allgemeine) Gewerbesteuerordnung am 18. Februar d. J. angenommen, die am 18. März die ministerielle Genehmigung erhalten hat. Darnach wird zur III. Gewerbesteuerklasse ein Zuschlag von 10 Prozent, zur II. ein solcher von 20 Prozent, zur I. ein solcher von 50 Prozent erhoben.

Von einem Gesetzentwurf, betreffend die Besteuerung der Waarenhäuser, der sich für eine größere Zahl von Bundesstaaten bereits in Vorbereitung befinden solle, berichteten im Sommer d. J. die Zeitungen. Diesen Schluß ließ der Verlauf der Verhandlung am 12. Juli über den Gesetzentwurf wegen Besteuerung des Wandergewerbebetriebes in der zweiten badischen Kammer zu, bei welcher Gelegenheit die Abgeordneten aller Parteien sich für eine möglichst hohe Besteuerung der Großbazare aussprachen. Darauf erklärte der Minister Buchenberger, die Besteuerung der Großbazare 2c. müsse besonders gesetzlich geregelt werden, doch sei eine gesetzliche Regelung dieser Materie nur im Zusammenhange mit anderen größeren Bundesstaaten möglich. Er fügte hinzu, die badische Regierung habe sich deshalb bereits mit Preußen in Verbindung gesetzt.

Eine rühmliche Ausnahme bildet bisher Württemberg. Bei einer Besprechung über vier Eingaben bei der württembergischen Kammer, welche am 15. März 1897 stattfand, wurden diese Eingaben dahin beantwortet, daß eine derartige Besteuerung des Umsatzes, wie sie von den Kaufleuten gewünscht und angestrebt wird, unter keinen Umständen statthaft sein könne.

Der Ansicht des Ministers Pischek ist das Württembergische Gesammtministerium beigetreten. Der Minister sagte wörtlich:

„Es sei eine unvermeidbare Folge jedes genossenschaftlichen Zusammenschlusses, daß eben die in der Genossenschaft Vereinigten zu Unternehmern werden und andere, die bisher auf demselben Gebiete als Unternehmer aufgetreten seien, ganz oder theilweise verdrängen. Es gelte gegenwärtig als einer der ersten wirthschaftlich politischen Grundsätze, daß man die Genossenschaftsbildung begünstigen und heben solle. Ueberall werde angestrebt, daß man namentlich auch auf dem Gebiete der Landwirthschaft Ein- und Verkaufsgenossenschaften bilde und begünstige, und da glaube er, daß man von diesem wirthschaftlichen Grundsatze aus, den er für durchaus richtig und ersprießlich halte, den Konsumvereinen gegenüber keine Ausnahmen machen könne. Auch komme hinzu, daß die Mitglieder der Konsumvereine durchaus berechtigte Interessen verfolgen, wenn sie sich ihren Lebensunterhalt auf möglichst billige Weise zu beschaffen suchen. Es sei ein Recht jedes Staatsbürgers, in seiner Erwerbsthätigkeit sich nach den eigenen Wünschen und Bedürfnissen zu richten. Er halte es deshalb für unmöglich, die Konsumvereine zu verbieten; das würde ja an sich schon nach dem Reichsgesetz nicht zulässig sein, aber er halte es auch für unzulässig, den Konsumvereinen durch bestimmte Maßnahmen das Leben sauer zu machen; namentlich würde er es nicht für begründet halten, wenn den Konsumvereinen Extrasteuern, sog. Erdrosselungssteuern, wie in Sachsen von einigen Seiten vorgeschlagen worden seien, auferlegt würden. Andererseits aber verstehe es sich von selbst, daß den Konsumvereinen auch keinerlei Begünstigungen gegenüber den Privatgewerbetreibenden zukommen dürfen."

Auch von den Handelskammern hat sich bisher noch keine einzige von Bedeutung für die Umsatzsteuer ausgesprochen. Diejenigen, die sich darüber geäußert haben, haben diese Forderung als extrem und mit den bisherigen Steuergrundsätzen unvereinbar abgelehnt. Die Handelskammerkonferenz vom 9. Dezember 1895 zu Osnabrück, zur Berathung der Mittel zur Abhilfe der Bedrängnisse des Kleinhandels, beschloß:*)

3. „Auf der anderen Seite muß die Forderung, die Errichtung der Konsumvereine abhängig zu machen von der Bedürfnißfrage, oder diese Genossenschaften sogar gewaltsam zu unterdrücken, als zu weitgehend und mit den Grundsätzen des Rechtsstaates nicht vereinbar bezeichnet werden, da das Recht der Staatsbürger, sich durch Vereinigung ihren Bedarf billiger zu beschaffen, nicht in Zweifel gezogen werden kann . . .

5. . . . . Es wird vielmehr die positive Aufgabe des Kaufmannsstandes sein, aus sich selbst heraus Mittel und Wege zu finden, die dem Gewerbetreibenden seine berechtigte Stellung gegenüber dem Uebergewichte der Einkaufsgenossenschaften allmählich wieder zurückgeben."

In ähnlichem Sinne haben sich die Leipziger, Dresdner, Stuttgarter, Berliner, Osnabrücker 2c. Handelskammern in ihren späteren Berichten ausgesprochen.

*) Blätter für Genossenschaftswesen, 1896, S. 66, und Dr. Wernicke, Kleinhandel, Konsumvereine und Waarenhäuser, in Conrads Jahrbüchern für Nationalökonomie und Statistik, 1897, S. 727 ff.

II.

Die rechtliche Unzulässigkeit der Umsatzsteuer.

Das ist der gegenwärtige Stand in der Frage der Sonderbesteuerung. Wir haben gesehen, daß die Kommission der sächsischen Abgeordnetenkammer die Konsumvereine ausdrücklich von der Umsatzsteuer ausgeschlossen wissen wollte, gleichwohl hat die sächsische Regierung die Belegung der Konsumvereine mit der kommunalen Sonder-Umsatzsteuer zugelassen.

Wir haben gesehen, daß im preußischen Abgeordnetenhaus ausdrücklich hervorgehoben wurde, daß die geplante Umsatzsteuer nur die großen Waarenhäuser treffen solle, gleichwohl tritt die preußische Regierung der Auffassung nicht entgegen, daß auch die Konsumvereine in die Sonderbesteuerung einzubeziehen sind.

Wenn man von den Schädlingen des Kleinhandels spricht, so wirft man in der Regel alles: Schwindelausverkäufe, Wanderlager, Hausirerthum und Detailreisen, Waarenhäuser und Bazare und die Konsumvereine zusammen. Namentlich Waarenhäuser und Konsumvereine faßt man vielfach auf Seiten der Kolonialwaarenhändler als großkapitalistische Detailbetriebe zusammen und sucht dadurch die Konsumvereine in der öffentlichen Meinung zu diskreditiren.

Auf einen solchen Standpunkt des persönlichen Interesses darf sich der Gesetzgeber nicht stellen, für den die objektiven Untersnchungen allein maßgebend sind.

Die Waarenhäuser und die Konsumvereine unterscheiden sich in ihrer Herkunft, in ihrem Wesen, in ihren Wirkungen, kurz in Allem durchaus von einander, sie haben nichts mit einander gemein. Dabei bleiben entsprechend der uns gestellten Aufgabe die verschiedenen Gattungen der Waarenhäuser unberücksichtigt.

Die Waarenhäuser sind großkapitalistische Erwerbsunternehmungen, mögen sie Einzelnen oder Gesellschaften gehören. Gewiß sind die meisten von ihnen aus kleinen Geschäften emporgewachsen, aber, so wie wir sie jetzt sehen, sind sie in Deutschland überwiegend moderne Erscheinungen des letzten Jahrzehnts.

Die Konsumvereine stammen größtentheils, wenigstens die größeren, bereits aus den 60er Jahren. Sie wurden von den Arbeitern und unbemittelteren Klassen zum gemeinsamen billigeren Waarenbezug, zur Erzielung von Wirthschaftsersparnissen gegründet. Sie waren ein Akt der Selbsthilfe gegen die Vertheuerung der Lebensmittel durch den Kleinhandel.

Während demnach die Erträgnisse der Waarenhäuser und Bazare nur den betreffenden kapitalistischen Besitzern zufließen, ist die Wirkung der Konsumvereine eine soziale, indem sie die Ausgaben der unbemittelteren Klassen verringern und es ihnen ermöglichen, Ersparnisse zu machen, indem sie hierdurch und durch die Baarzahlung die Lage dieser Klassen verbessern und heben.

Die Waarenhäuser werden daher wie alle Erwerbsunternehmungen von der Gewinnabsicht geleitet, die Konsumvereine dagegen bilden ein Mittel zur sozialen Hebung der unbemittelteren Klassen, sowie zur Ueberbrückung der sozialen Klüfte, welche die einzelnen Klassen von einander scheiden.

Während die Waarenhäuser in Deutschland meistens Produkte der neueren Zeit und in Konkurrenz mit den älteren Detailgeschäften getreten sind, stammen die Konsumvereine meistens aus früheren Jahren und stehen den meisten Detailgeschäften an Alter nicht nach, haben also ihre Existenzberechtigung durch die Dauer ihres Bestehens erwiesen. Mit welchem Recht will daher ein jüngeres Detailgeschäft über die Konkurrenz eines älteren Konsumvereins klagen, der schon lange vor ihm gegründet und thätig war!

Nachdem wir diese Scheidung zwischen Waarenhäusern und Konsumvereinen vorgenommen haben, werden wir uns im Nachfolgenden bezüglich der Umsatzsteuer nur noch mit letzteren beschäftigen, und zwar wollen wir zunächst die rechtliche Seite einer Sonderbesteuerung der Konsumvereine, die Berechtigung einer solchen vom Rechtsstandpunkt aus einer Prüfung unterziehen. Es kommt dabei zweierlei Recht in Frage:

1. Reichsrecht. 2. Landesrecht (einschließlich Kommunalrecht).

Wir müssen hierbei eine kurze prinzipielle Erörterung vorausschicken. Das Recht an sich ist etwas Formales, das, entweder ungeschrieben oder in Gesetzen fixirt, in unseren modernen Rechtsstaaten alle Seiten unseres staatlichen und sozialen Lebens ordnet, es ist daher nicht etwas abstrakt Gegebenes, das außer Zusammenhang mit allen anderen geistigen Potenzen steht, sondern es unterliegt der Fortbildung durch die fortschreitende Kulturentwickelung und Zivilisation; es befindet sich in fortwährender Umbildung, entsprechend dem Fortschritt unserer gesammten Kulturentwickelung. Wenn nun die Tendenz der letzteren dahin geht, auf Grundlage des gesammten geistigen, technischen und wirthschaftlichen Fortschritts immer mehr das Prinzip der Gerechtigkeit im gesammten Leben der Völker zur Geltung zu bringen, d. h. jedem einzelnen Menschen nach seinen Fähigkeiten und seiner Würdigkeit auf Grundlage der anerkannten Menschenrechte einen entsprechenden Antheil am Kulturleben zu sichern, so ergiebt sich daraus von selbst die Tendenz in der Rechtsentwickelung; das Recht soll im höchstmöglichen Maße gerecht sein, sich dem immer mehr annähern. Das moderne Rechtsbewußtsein wird von dem Grundsatze der Gerechtigkeit getragen, es verlangt, daß jedes Gesetz auf diesem Grunde ruht. Aus der Gerechtigkeit sind unsere vornehmsten modernen Lebensbedingungen geboren, die Freiheit, die Gleichberechtigung und die Verhältnißmäßigkeit in den öffentlichen Beitragslasten. Alle

Gesetze, die gegen diese Grundsätze verstoßen, verletzen das moderne Rechtsbewußtsein und wirken daher zerstörend, revolutionär. Darum muß der moderne Staat sich sorgfältig vor solchen Abwegen hüten, die ihn schließlich selbst in Frage stellen müßten.

Die Reichsgewerbeordnung ist ohne Frage auf dem Grundsatze der Gerechtigkeit aufgebaut, wenn auch das Prinzip der Gewerbefreiheit nach und nach wieder manche Durchlöcherungen und Beschränkungen erfahren hat; und auch unser Steuerwesen — als Ganzes — sucht sich dem Ideal der Gerechtigkeit anzunähern, das Streben danach ist nicht zu verkennen. Ist im gewerblichen und politischen Leben möglichste Freiheit, so ist im Steuerwesen möglichst die Vertheilung der Lasten nach dem Prinzip der Verhältnißmäßigkeit und der Leistungsfähigkeit das Ideal. Die Steuern — wir sprechen hier zunächst nur von den direkten —, müssen alle Steuerpflichtigen, oder gewisse Kategorien derselben nach ihrer Leistungsfähigkeit treffen, sie dürfen nicht über die Grenze der Leistungsfähigkeit hinausgehen.

Aus dem Wesen der Steuern ergiebt sich aber noch ein weiterer Grundsatz: die Steuern werden, abgesehen von den Schutzzöllen und ähnlichen Erhebungen, nur erhoben, um allgemeine Bedürfnisse des Staates, der Gemeinden u. s. w. zu befriedigen. Ein sozialer Zweck der Besteuerung, der von staatssozialistischer Seite gefordert wird, besteht nicht; sind Steuern nöthig für die allgemeinen Bedürfnisse, dann werden sie erhoben, und zwar sollten sie nach dem Gesichtspunkte der Leistungsfähigkeit auferlegt werden. Steuern zur Ausgleichung der Leistungsfähigkeit auferlegen oder, wie Herr von Miquel sich am 19. April 1898 im Abgeordnetenhause ausdrückte, Steuern willkürlich nach den zeitweilig herrschenden sozialen Anschauungen erfinden zu wollen, ist jedenfalls ein novum und wohl ein Stück Sozialismus oder Kommunismus, denn eine solche Steuer kommt einer Vermögenskonfiskation gleich.*)

Nach diesen allgemeinen Erörterungen wenden wir uns den einzelnen positiven Rechtsfragen zu.

I. Was zunächst das Reichsrecht**) betrifft, so ist zu prüfen, ob die Umsatzsteuer sich mit der Gewerbeordnung, dem Handelsrecht und dem Genossenschaftsgesetz in Einklang bringen läßt.

1. Von der Gewerbeordnung kommen §§ 1, 5 u. 7, Ziff. 6, in Betracht.

a) Der § 1 lautet: „Der Betrieb eines Gewerbes ist Jedermann gestattet, soweit nicht durch dieses Gesetz Ausnahmen oder Beschränkungen vorgeschrieben oder zugelassen sind.“

---

*) Wenn dies Moment auch auf die Schutzzölle vielleicht zutrifft, so ist doch das Unterscheidende der Umstand, daß Schutzzölle nicht zu Gunsten Einzelner, oder einzelner Betriebsarten, sondern ganzer Erwerbszweige eingeführt werden und wirken.

**) cfr. Dr. Crüger, Die Bedrohung der Konsumvereine in Deutschland, in der sozialen Praxis, Nr. 4, 1896 — und Dr. Grätzer, in den Blättern f. G., 1898, Nr. 33, über die Umsatzsteuer in ihrer rechtlichen und wirthschaftlichen Natur.

Der Betrieb eines erlaubten Gewerbes darf also Niemandem verweigert und versagt und unmöglich gemacht werden — natürlich auch nicht einer Gesellschaft. Zu solchen Gewerben gehört der Handelsbetrieb. Da die Konsumvereine der Gew.O. bezüglich der Branntwein-Konzession und der Sonntagsruhe unterstellt sind, da sie hinsichtlich der Besteuerung als Gewerbetreibende gelten, — da sie nach § 17 des Genossenschaftsgesetzes vom 1. Mai 1889 Kaufleute im Sinne des Handelsgesetzbuches sind, da die Errichtung von Konsumvereinen durch das Genossenschaftsgesetz sogar gefördert, zum mindesten aber sichergestellt werden sollte, so gehören die Konsumvereine unzweifelhaft zu den Betrieben, welche nach § 1 der Gew.O. „Jedermann" gestattet sind. Ihre Unterdrückung würde gegen § 1 der Gew.O. verstoßen.

Das hat sowohl in der Umsatzsteuerkommission des preußischen Abgeordnetenhauses von 1896 als auch in der Plenarsitzung vom 14. April der Generalsteuerdirektor Burghart zugegeben, welcher in der letzteren ausführte, daß das Reich alle Kompetenzen habe, welche sich auf die Gew.O. beziehen, und daß die Einzelstaaten diese Kompetenz nicht durch strangulirende Steuern durchkreuzen dürften.

Das hat auch der württembergische Minister von Pischek in der Kammersitzung vom 15. März 1897 (cfr. S. 17), und das hat auch der Staatssekretär von Boetticher bei Gelegenheit der Interpellation im Reichstage am 26. November 1896 bestätigt.

Wenn nun, wie wir an späterer Stelle sehen werden, die Umsatzsteuer eine große Zahl von Konsumvereinen vernichtet, zum mindesten den Betrieb erschwert und die Errichtung neuer Konsumvereine mittelbar unmöglich macht, so ist damit die Unzulässigkeit einer solchen Steuer erwiesen, da sie die Ausübung des betr. Handelsgewerbes durch „Jedermann" verhindert. Nehmen wir z. B. einen Konsumverein, der nur 4 Prozent Dividende vertheilt — von 489 berichtenden*) Konsumvereinen zahlten 1897 40 nur bis zu 4 Prozent —, so würde bei 2 Prozent Umsatzsteuer die Hälfte des Gewinnes von der Steuer aufgezehrt. Ein solcher Verein würde sich nicht halten können. Noch deutlicher tritt die Wirkung bei der Neugründung eines Konsumvereins hervor. Liegt auch kein Verbot des Vereins vor, so doch eine Maßnahme, die in der Wirkung dem Verbot gleichkommt, da ein Gewerbebetrieb oder Handelsbetrieb ohne entsprechenden Ueberschuß auf die Dauer ein Widersinn ist.

Zum § 1 der Gew.O. führt Grätzer a. a. O. aus:

„Nach allgemein anerkannten Rechtsgrundsätzen verstößt eine Bestimmung contra bonos mores (gegen die guten Sitten), insofern sie sich zwar innerhalb der Schranken des formalen Rechtes hält, jedoch gegen den Geist des Gesetzes, gewissermaßen gegen das Rechtsbewußtsein selbst fehlt. Ein solcher Fall ist zweifellos bei der „Umsatzsteuer" gegeben. Denn sobald ein Staat oder eine Gemeinde „Jedermann" den Betrieb eines stehenden Gewerbes gestattet, dessen Ausübung aber erschwert oder verhindert — wie es offensichtlich hier vorkommen kann, liegt ein derartiger Verstoß vor. Nehmen wir zur Erläuterung der Sache ein anderes

---

*) Jahrbuch des Allgemeinen Verbandes der auf Selbsthülfe beruhenden deutschen Erwerbs- und Wirthschaftsgenossenschaften für 1897, von Dr. Hans Crüger.

Beispiel: Ausländern ist der Gewerbebetrieb in gleicher Weise gestattet, wie Inländern. Was würde man nun sagen, wenn es einer Gemeinde einfiele, den Betrieb zwar zu gestatten, den sie nach reichsrechtlicher Vorschrift nicht verbieten darf, jedoch den ausländischen Gewerbetreibenden so hoch zu besteuern, daß er thatsächlich das Gewerbe nicht ausüben kann? Bedenken wir überhaupt die Konsequenzen! Man könnte ja in dieser Beziehung weiter gehen. Besäße der Einzelstaat oder die Gemeinde volle Autonomie in Bezug auf Steuerauflegung, so hätten sie und nicht das Reich die Zulassung zum Gewerbe in der Hand. Wir machen besonders die Anhänger des Befähigungsnachweises im Handwerk und Kleinhandel auf diese „Lücke" in der Gewerbeordnung aufmerksam. Die Gemeinde braucht z. B. nur zu bestimmen: Der Angehörige einer Innung zahlt die gewöhnlichen Steuern, der außerhalb Stehende aber dazu noch eine „Umsatzsteuer". Diese Beispiele könnten ins Unendliche vermehrt werden und führen konsequent durchgeführt geradezu zu unsinnigen Schlüssen.

Soviel ist daraus ersichtlich, daß bestehen bleibt: nur die in der Gewerbeordnung oder etwa sonst in Reichsgesetzen gestatteten Versagungen des Gewerbebetriebes seien rechtsgiltig."

b) §§ 5 und 7 lauten; § 5: „In den Beschränkungen des Betriebes einzelner Gewerbe, welche auf den Zoll-, Steuer- und Postgesetzen beruhen, wird durch das gegenwärtige Gesetz nichts geändert."

§ 7, Ziff. 6: „Vom 1. Januar 1873 ab sind, soweit die Landesgesetze solches nicht früher verfügen, aufgehoben:

6. vorbehaltlich der an den Staat und die Gemeinden zu entrichtenden Gewerbesteuern, alle Abgaben, welche für den Betrieb eines Gewerbes entrichtet werden, sowie die Berechtigung, dergleichen Abgaben aufzuerlegen."

Die §§ 5 und 7, Ziff. 6, haben bezüglich der Gewerbebesteuerung den Bundesstaaten keine Beschränkung auferlegt.

Die Ziffer 6 des § 7 stammt aus dem Abänderungsantrag von Runge und v. Hennig, Aktenstücke Nr. 78, zu den stenographischen Berichten über die Reichstagsverhandlungen von 1869, der in der zweiten Berathung des Gew.Ordnungsentwurfs, vom 8. April 1869, angenommen wurde. v. Hennig führte zu seiner Begründung aus: „Konserviren Sie nicht die einzelnen Hindernisse des Wohlstandes und der Erwerbsfähigkeit des Volkes, sondern nehmen Sie dieselben hinweg." Der Sinn der Ziffer 6 des § 7 ist sonach unzweifelhaft der, daß möglichst alle den Gewerbebetrieb beschränkenden Abgaben hinweggeräumt werden sollen — abgesehen von den zur Deckung der Gemeindebedürfnisse unerläßlichen Steuern. Daß eine Umsatzsteuer gerade den entgegengesetzten Zweck, gewisse Betriebe zu beschränken, verfolgt, bedarf keines weiteren Beweises; sie verstößt demnach direkt gegen den Zweck und die Absichten des § 7, Ziff. 6.

Nur wenn die sogenannte Umsatzsteuer überhaupt auf den Namen „Gewerbesteuer" Anspruch machen könnte, würde ihre Einführung zulässig sein. Eine Gewerbesteuer ist aber nach der allgemein anerkannten Begriffsbestimmung eine Ertragssteuer, cfr. Fuisting a. a. O., A. Wagner im Schönberg'schen Handbuche, Burkhard im Handwörterbuch der Staatswissenschaften im Artikel: Gewerbesteuer. Sie ist eine in Prozenten des Ertrages — nach Abzug der Unkosten — erhobene Steuer. Die Umsatzsteuer dagegen nimmt auf den Ertrag keine Rücksicht, da sie nur in

Prozenten des Umsatzes, des Verkaufserlöses erhoben werden soll; sie besteuert den Umsatz, gleichviel, ob überhaupt ein Ertrag, oder welcher Ertrag erzielt ist; sie ist daher keine Gewerbesteuer im allgemein anerkannten und steuertechnischen Sinne. Ihre Charakterisirung und Erhebung als Gewerbesteuer ist daher unzulässig, und da die Gew.O. im § 7 alle anderen Abgaben, ausgenommen die Gewerbesteuern, aufgehoben hat, so besteht für die Erhebung einer Umsatzsteuer kein Rechtstitel.

Hinsichtlich der Reichsgesetzgebung kommt weiter noch der Steuerfuß der Gewerbesteuern in Frage. Das Reich hat nun nicht eine zulässige Höchstgrenze für den Gewerbesteuerfuß vorgeschrieben, sondern hierin den Einzelstaaten völlige Freiheit gelassen, unter der Voraussetzung, daß der Steuerfuß von denselben in angemessener Höhe gehalten werde. Denn die einzelnen Staaten haben gegenseitig das größte Interesse daran, die Gewerbe nicht übermäßig zu belasten, weil sie sonst dadurch die betreffenden Gewerbe eventuell aus dem Lande treiben würden.

Eine Gewerbesteuer, die prohibitivartig oder vernichtend wirken würde, wäre ein Widerspruch in sich selbst. Denn die Gewerbesteuer ist die Besteuerung des Ertrages der Gewerbe, sie setzt demnach das Bestehen des Gewerbes voraus; und da sie zur Bestreitung der dauernden Gemeindebedürfnisse erhoben wird, muß sie ihren eigenen Fortbestand zu sichern suchen, und das kann sie nur, wenn sie sich in erträglicher Höhe hält und die Gewerbe nicht unterdrückt. Jegliche Prohibitivsteuer würde mit dem eigentlichen Zwecke der Steuern, der Beschaffung der Mittel für die Gemeindebedürfnisse, im direkten Widerspruch stehen, da sie ja selbstmörderisch wirken würde. Die Gewerbesteuer soll die Gewerbe schonen, sie steuerkräftig erhalten, während die Umsatzsteuer im Gegentheil zu Gunsten anderer Gewerbe einzelne Gewerbe beschränken oder vernichten soll und würde.

Man kann daher ohne Frage behaupten, daß eine Steuer, die die bisher üblichen Sätze weit überschreiten würde, nicht in den Rahmen des bisherigen Steuersystems passen würde. Eine sog. Steuer also, die, wie die Umsatzsteuer 20—50 Prozent des Ertrages wegnehmen soll, könnte nicht auf den Namen „Gewerbesteuer" Anspruch machen, sondern sie wäre eine Vermögenskonfiskation. Bei der Berathung der preußischen Einkommensteuer erklärte die Mehrheit des Abgeordnetenhauses, eine Einkommensteuer von 4 Prozent sei nahezu eine Konfiskation des Einkommens! Und jetzt will man eine Steuer von 20—50 Prozent auferlegen!

Daß eine solche Konfiskationssteuer als eine Prohibitivsteuer wirken muß, liegt auf der Hand, das bedarf keiner weiteren Begründung. Eine solche Steuer kann daher niemals den Charakter einer „Gewerbesteuer" tragen, welche nicht aus dem Rahmen der übrigen Steuern herausfallen darf. Solche Steuern sind daher nach § 7 der Gewerbeordnung unzulässig. Der preußische Generalsteuerdirektor Burghart erklärte in der Umsatzsteuer-Kommission des preußischen Abgeordnetenhauses von 1896 (Bericht S. 3):

„Unter den zugelassenen Gewerbesteuern sei aber nur das gemeint, was man im allgemeinen unter einer Gewerbesteuer verstehe, d. h. eine analog wie von den anderen Ertragsquellen von dem Gewerbebetrieb erhobene Ertrags- und Realsteuer; eine starke progressive, prohibitiv wirkende Sondersteuer von gewissen Gewerbebetrieben würde als eine nach § 7, Nr. 6 der R.Gew.O. zulässige Gewerbesteuer kaum noch angesehen werden können."

Und der sächsische Bevollmächtigte Geh. Rath Dr. Fischer erklärte in der Reichstagssitzung vom 26. November 1896:

„Das freilich will ich Ihnen ohne weiteres zugeben, daß, wenn man auf die Konsumvereine, die unter dieses Gesetz fallen (Genoss.Ges.) eine so exorbitante Steuer, eine Prohibitivsteuer, legen wollte, die die Forterxistenz der Konsumvereine geradezu unmöglich machen würde, dies zwar nicht dem Wort, aber wohl dem Geiste des Reichsgesetzes widersprechen würde: darüber ist gar kein Zweifel."

Herr von Boetticher hatte in derselben Sitzung vorher zugestanden, daß, wenn diese Umsatzsteuern nicht den Charakter von Gewerbesteuern haben, sie mit der Reichsgesetzgebung im Widerspruch stehen würden, und dann würde seitens des Reiches eingeschritten werden müssen.

Da nun, wie wir bereits angedeutet haben, die schwächeren Konsumvereine, deren Reingewinn entweder ganz oder größtentheils von der Steuer aufgezehrt werden würde, von der Steuer „strangulirt" werden würden, so ist damit erwiesen, daß die Umsatzsteuer einen prohibitiven und nicht den Charakter einer Gewerbesteuer trägt. Ein solcher Charakter kommt dieser Steuer selbstverständlich auch schon dann zu, wie der Abgeordnete Hausmann in der Reichstagssitzung vom 26. November 1896 richtig ausführte, wenn dieselbe auch nur einzelne Betriebe todt machen würde.

Nach der von den Interessenten offen ausgesprochenen Absicht soll aber die Umsatzsteuer gerade die Konsumvereine konkurrenzunfähig machen und sie dadurch beseitigen. Der strangulirende Charakter liegt somit schon in der ganzen Tendenz der Steuer. Es kann daher nicht der geringste Zweifel bestehen, daß diese Auflage sowohl mit unserer bisherigen Steuergesetzgebung als auch mit der Reichs-Gewerbeordnung im schärfsten Widerspruch steht, und daß sie nicht blos contra bonos mores, sondern auch dem Wortlaut der Gewerbeordnung widerspricht. Will sich das Reich nicht die Kompetenz auf dem Gebiete des Gewerbewesens auf diesem Wege der Besteuerung aus der Hand winden lassen, dann hat es nicht nur das Recht, sondern auch die Pflicht dazu, hiergegen mit aller Entschiedenheit einzuschreiten.

Weiter aber ist zu bedenken, daß bei dieser illegalen Besteuerung nicht nur steuerliche oder Vermögensinteressen, sondern auch politische und ethische Fragen ins Spiel kommen. Denn die Umsatzsteuer ist nicht aus steuerlichen Gründen erfunden, sondern aus politisch-sozialen, sie ist eine Maßregel, die im wirthschaftlich-sozialen Kampfe gefordert wird. Welche gefährlichen Folgen aber ein solcher erster Schritt des Mißbrauchs des Steuerwesens zu Gunsten einzelner Wirthschaftsgruppen nach sich ziehen muß, liegt auf der Hand.

2. Von dem Genossenschaftsgesetz und dem Handelsgesetzbuch können nicht einzelne bestimmte Paragraphen in Betracht kommen, da sie sich mit Steuerfragen nicht zu befassen haben. Gegen den Geist dieser Gesetze aber würde eine Umsatzsteuer verstoßen. Das Genossenschaftsgesetz, das zur Förderung und Sicherung des Genossenschaftswesens erlassen ist, garantirt

im § 1 ausdrücklich die Gründung von Konsumvereinen. Eine strangulirende Umsatzsteuer, die Konsumvereinen ihre Fortexistenz unmöglich machen, auch nur erschweren würde, setzt sich mit dem Genossenschaftsgesetz in direkten Widerspruch, würde also unzulässig sein.

II. Aus unseren Erörterungen ist das unzweifelhaft hervorgegangen, daß nach Reichsrecht eine strangulirende Umsatzsteuer auf einzelne Betriebe oder Gewerbekategorien ungesetzlich ist, dasselbe ergiebt sich aber auch auf Grund der Prüfung der landesgesetzlichen Bestimmungen.

Bezüglich der Landesgesetzgebung beschränken wir uns auf die Erörterung und Prüfung der betr. Bestimmungen in Sachsen und Preußen.

1. „Die Verfassung für das Königreich Sachsen bestimmt*) in § 37: „Kein Unterthan soll mit Abgaben oder anderen Leistungen beschwert werden, wozu er nicht vermöge der Gesetze oder Kraft besonderer Rechtstitel verbunden ist." Es ist weder ein Gesetz, noch irgend welcher Rechtstitel vorhanden, die eine derartige Ausnahmebesteuerung zulassen, und so würde eine solche Umsatzsteuer zunächst als ein Verstoß gegen die Verfassung sich kennzeichnen, die sogar die Schaffung eines diesbezüglichen Gesetzes nicht zuläßt, da nach § 39 der Verfassung s. Z. ein besonderes Abgabensystem festzustellen war, welches die Gegenstände der direkten und indirekten Besteuerung nach möglichst richtigem Verhältniß zu bestimmen hatte. Dieses Verhältniß ist durch Gesetz geregelt und es kann deshalb der bisherige Zustand nicht auf dem Verordnungswege geändert werden. Die Konsumvereine sind bereits wie alle Gewerbtreibende zu Staatseinkommensteuer und Gemeindeumlagen herangezogen; es erscheint deshalb unzulässig, dieselben mit weiteren Steuern zu belasten, die andere, ebenfalls mit Lebens- und Genußmittel Detailhandel treibende Gewerbtreibende nicht zu zahlen brauchen.

In gleichem Sinne wie §§ 37 und 39 der Verfassung bestimmt § 25 der revidirten Städteordnung und § 16 der revidirten Landgemeindeordnung, daß jedes Gemeindemitglied zu den Gemeindelasten einschließlich der Tilgung und Verzinsung der bei seinem Eintritte etwa schon vorhandenen Schulden verhältnißmäßig beizutragen hat. Wenn auch das Wort „verhältnißmäßig" etwas dehnbar erscheint, so kann doch weder eine physische, noch eine juristische Person in einer solch unverhältnißmäßig hohen Weise zu den Gemeindelasten herangezogen werden. Das Ungerechte und Ungesetzliche der Umsatzsteuer liegt aber nicht blos in der ungeheuerlichen Höhe derselben, sondern auch darin, daß diese Steuer nur von einem engbegrenzten Theile, einem geringen Prozentsatz von der großen Masse der Gewerbetreibenden, welche Detailhandel mit Lebens- und Genußmitteln treiben, getragen werden soll.

Nach beiden Gesichtspunkten jedoch verstößt die Umsatzsteuer gegen die angezogenen Paragraphen der revidirten Städte- und Landgemeindeordnung, weil diese Steuer einen Theil der Gemeindemitglieder unverhältnißmäßig und sehr hoch belasten würde. Sollte die Umsatzsteuer die Genehmigung der vorgesetzten Behörde erhalten, so müßte mit allen zur Zeit bestehenden Grundsätzen über die Art und Höhe der Besteuerung des Einkommens gebrochen werden."

2. Für Preußen kommen der § 101 der Verfassungs-Urkunde vom 31. Januar 1850 und die Bestimmungen des Kommunal-Abgabengesetzes vom 14. Juli 1893 in Betracht.

a) Der § 101 der Verfassungs-Urkunde lautet:

„In Betreff der Steuern können Bevorzugungen nicht eingeführt werden. Die bestehende Steuergesetzgebung wird einer Revision unterworfen und dabei jede Bevorzugung abgeschafft."

---

*) Eingabe der sächsischen Konsumvereine vom 6. Nov. 1896 an das sächsische Ministerium des Innern.

Wenn auch dieser Paragraph sich auf die früheren Steuerprivilegien, z. B. Rittergüter, bezog, so schließt er doch auch jede andere Steuerbevorzugung, oder umgekehrt Steuerbenachtheiligung, was dasselbe ist, aus. Und daß die Umsatzsteuer eine ungeheure Bevorzugung der von ihr nicht Betroffenen sein würde, ist ohne weiteres klar. Die Umsatzsteuer würde somit mit der preußischen Verfassung in Widerspruch stehen.

b) Falls die Umsatzsteuer als eine Gewerbesteuer angesehen werden kann — was aber nach den vorstehenden Ausführungen nicht der Fall ist, sie ist vielmehr das Gegentheil einer Gewerbesteuer — käme in Preußen für die Frage ihrer Einführung das preußische Kommunalabgabengesetz in Anwendung.

In den Debatten des preußischen Abgeordnetenhauses 1896 und 1898 ist die Frage, ob die Umsatzsteuer nach den reichs- und landesgesetzlichen Bestimmungen überhaupt zulässig ist, gar nicht erörtert. Und doch hätte man wohl das in erster Linie erwarten sollen.

Aus dem Kommunalabgabengesetz kommen die §§ 20, 29, 31, 32, 54—56 in Betracht. Die betreffenden Stellen lauten:

§ 20. „Die direkten Gemeindesteuern sind auf alle der Besteuerung unterworfenen Pflichtigen nach festen und gleichmäßigen Grundsätzen zu vertheilen. Handelt es sich um Veranstaltungen, welche in besonders hervorragendem oder geringem Maße einem Theile des Gewerbebezirkes oder einer Klasse von Gemeindeangehörigen zu statten kommen, und werden Beiträge nach §§ 9 und 10 nicht erhoben, so kann die Gemeinde eine entsprechende Mehr- oder Minderbelastung dieses Theiles des Gemeindebezirkes oder dieser Klasse von Gemeindeangehörigen beschließen. Bei der Abmessung der Mehr- und Minderbelastung ist namentlich der zur Herstellung und Unterhaltung der Veranstaltungen erforderliche Bedarf nach Abzug des etwaigen Betrages in Betracht zu ziehen. Der Beschluß bedarf der Genehmigung."

§ 29. „Den Gemeinden ist die Einführung besonderer Gewerbesteuern gestattet. Die Gewerbesteuern können namentlich bemessen werden nach dem Ertrage des letzten Jahres oder einer Reihe von Jahren, nach dem Werthe des Anlagekapitals oder des Anlage- und Betriebskapitals, nach sonstigen Merkmalen für den Umfang des Betriebes oder nach einer Verbindung mehrerer dieser Maßstäbe."

§ 31. „Eine verschiedene Abstufung der Gewerbesteuersätze und Prozente ist zulässig, wenn 1. die einzelnen Gewerbearten in verschiedenem Maße von den Veranstaltungen der Gemeinde Vortheil ziehen oder der Gemeinde Kosten verursachen, und soweit die Ausgleichung nicht in den §§ 4, 9, 10 oder 20 erfolgt, 2. wenn die gewerblichen Gebäude in stärkerem Verhältniß zur Gewerbesteuer herangezogen werden, als es auf Grundlage der staatlichen Gebäudesteuer der Fall sein würde, oder wenn die gewerblich benutzten Räume einer Miethssteuer unterliegen."

§ 32. „Werden besondere Gewerbesteuern umgelegt, so hat die Veranlagung nur nach Maßgabe des in der Gemeinde belegenen Theils des Gewerbebetriebes zu erfolgen, bei besonderen Gewerbesteuern nach dem Ertrage."

Was zunächst die Zulässigkeit besonderer Gewerbesteuern betrifft, so schreibt der § 20 vor, daß die direkten Gemeindesteuern nach den Prinzipien der Allgemeinheit und Gleichmäßigkeit (Leistungsfähigkeit) zu vertheilen sind; er entspricht dem § 101 der preußischen Verfassung, welcher jegliche Bevorzugung in Betreff der Steuern untersagt. Die Steuerpflichtigen der Gewerbesteuer sind im § 28 aufgeführt, d. h. alle Gewerbebetriebe, vorzüglich die im Gewerbesteuergesetz vom 24. Juni 1891 Aufgezählten.

Demnach haben die Gewerbesteuern alle Gewerbe-Steuerpflichtigen gleichmäßig, d. h. im Verhältniß zu ihrer Leistungsfähigkeit, zu erfassen, sei es, daß die Gewerbesteuer in Prozenten der staatlich veranlagten, sei es, daß sie als ein System der ersteren und besonderer Gewerbesteuern erhoben wird. Die Einführung besonderer Gewerbesteuern ist den Gemeinden nachgelassen, wie es in den Motiven zu § 29 (Entwurf § 24) heißt, mit Rücksicht auf besondere Vortheile aus gewissen Gemeindeeinrichtungen für einzelne Gewerbearten, oder auf besondere Lasten, die dem Verbande daraus erwachsen. Die hiervon betroffenen Gewerbearten (§ 31) können entweder mit höheren Steuersätzen oder höheren Prozenten herangezogen werden. Abgesehen aber von solchen Fällen darf das Prinzip der Allgemeinheit und der Gleichmäßigkeit (Verhältnißmäßigkeit und Leistungsfähigkeit) nicht außer Acht gelassen werden.

Die Konsumvereine nun werden den Gemeinden sicherlich nicht besondere Kosten verursachen, und sie werden auch nicht besondere Vortheile aus gewissen Gemeindeeinrichtungen genießen. Eine unverhältnißmäßige oder eine Vorausbesteuerung aus diesem Grunde ist daher nicht gerechtfertigt und zulässig.

In den Motiven und auch in den Debatten im Abgeordnetenhause war die Einführung besonderer Gewerbesteuern nur als eine Art Ergänzung zu der regelmäßigen Grundlage der staatlich veranlagten Gewerbesteuer gedacht. Im Laufe der Zeit aber scheint sich die Ansicht der Regierung, wie aus den Aeußerungen der Vertreter derselben bei den Umsatzsteuerdebatten hervorging, dahin geändert zu haben, daß sie die Einführung der besonderen Gewerbesteuern als die Regel wünschen. Das erscheint aber nach der Absicht des Gesetzgebers nicht gewollt. Nach den Motiven würde es auch nicht zulässig sein, von einzelnen Gewerbesteuerklassen besondere Gewerbesteuern zu erheben, da nach den Motiven solche nur mit Rücksicht auf besondere Vortheile von Gewerbearten, oder besondere Lasten der Gemeinden zugelassen sein sollen. Das bestätigte auch in der Sitzung des Abgeordnetenhauses vom 25. April 1893 der Regierungsvertreter, Geh. Ober-Regierungsrath Nöll, indem er ausführte, daß für die kommunalen Gewerbesteuern 1. die Lasten für die Gemeinde durch einzelne Betriebe, 2. die Vortheile der letzteren aus den besonderen Einrichtungen in Betracht kommen. Trotzdem aber erklärte er noch in derselben Sitzung, daß z. B. für die Betriebe der höheren Gewerbesteuerklassen eine besondere Gewerbesteuer veranlagt werden könne — auch in seinem Kommentar zum Kommunalabgabengesetz äußert er dieselbe Ansicht —, obwohl doch das nach den Motiven und seiner ersten Erklärung nur der Fall sein könnte, wenn diese ganze Klasse irgend welche besonderen Vortheile genösse und besondere Kosten verursachen würde.

Es kann demnach der Ansicht, daß für ganze Gewerbesteuerklassen besondere Gewerbesteuern eingeführt werden können, nicht beigetreten werden.

Der Berichterstatter der Kommission, Dr. Würmling, trat denn auch sofort diesen Anschauungen entgegen, indem er konstatirte, daß die Auffassung der Kommission eine andere gewesen sei als die des Staatskommissars: die besondere Gewerbesteuer sollte nach der Absicht der Kommission nur im Falle des § 31 veranlagt werden.

Die Umsatzsteuer von Konsumvereinen würde daher gegen diese festgelegte Ansicht und Absicht des Gesetzgebers verstoßen und hiernach unzulässig sein.

Aus diesen Erörterungen, wie auch aus der Fassung der §§ 29, 31, 32 geht unzweifelhaft hervor, daß die Sondergewerbesteuern als eine Art der Gewerbesteuern gedacht und gewollt sind, d. h. als Steuern vom Ertrage der Gewerbe. Gewerbesteuern müssen Ertragssteuern sein. Da die Umsatzsteuer aber keine Ertragssteuer ist, so fällt sie nicht unter die vom Kommunalabgabengesetz zugelassenen Sondergewerbesteuern. Die Sondergewerbesteuern sind den Gemeinden freigegeben, um einen der Sachlage entsprechenden höheren Entgelt für besondere Vortheile von Gemeindeveranstaltungen oder den Gemeinden verursachte besondere Lasten zu ermöglichen. Eine richtige Abmessung des Entgelts nach dem Umsatze der betr. Gewerbe würde aber nicht möglich und auch nicht gerecht sein. Ferner geht aus dem Umstande, daß die §§ 54—56 auch auf die Sondergewerbesteuern Anwendung finden sollen, klar hervor, daß die Sondergewerbesteuern als Ertragssteuern gedacht sind, da sonst eine Vergleichung derselben mit den andern Realsteuern nicht möglich wäre. Schließlich bietet der § 29 selbst nicht die geringste Handhabe dafür, daß ein anderer Steuermaßstab als der Ertrag bei der Sondergewerbesteuer gewollt worden ist. Die alte preußische Gewerbesteuer wurde nach dem Betriebsumfang und den Merkmalen für den Betrieb erhoben, war aber eine Ertragssteuer. Wenn das Kommunalabgabengesetz im § 29 auch diese alte Veranlagungsart zugelassen hat, so sollte damit der Charakter der Gewerbe-, der Ertragssteuer nicht aufgegeben werden. Der Betriebsumfang sollte nur als ein einen Rückschluß auf den Ertrag zulassendes Merkmal gelten. Aber wenn auch thatsächlich im § 29 die Besteuerung nach dem Betriebsumfang zugelassen sein sollte, würde eine solche Steuer dann keine Ertragssowie Gewerbesteuer mehr, sie würde dann nach der Gew.O. § 7 nicht mehr zulässig sein, da alle Bestimmungen der Landesgesetze, welche gegen solche der Reichsgesetze verstoßen, ungültig sind. Hieran müssen wir alle die erinnern, welche den § 29 gegen den § 7 der R.Gew.O. anrufen wollen.

Ist hiernach überhaupt eine Umsatzsteuer nicht zulässig, wieviel weniger ist es dann eine beschränkende, prohibitive Umsatzsteuer, die gerade das Gegentheil von einer Gewerbesteuer bedeutet.

Was nun die zulässige Höhe der besonderen Gewerbesteuer betrifft, so sind die Bestimmungen des § 20 Abs. 2 und des § 31, sowie der §§ 54—56 maßgebend. Darnach sind die besonderen Gewerbesteuern Ertragssteuern, die nach den besonderen Vortheilen und Kosten der besonderen Einrichtungen zu bemessen sind. Da die Konsumvereine, wie bemerkt, den Gemeinden kaum besondere Kosten verursachen können, so würde eine Bemessung der besonderen Gewerbesteuer nach ihnen für die Konsumvereine nicht stattfinden können.

Der Wortlaut und die Vorschriften der §§ 20 und 31 sind aber so allgemein gehalten, daß Willkürlichkeiten oder abweichende Auffassungen nicht ausgeschlossen sind. Darum hatte der Abg. Engels zum § 29 folgenden Antrag eingebracht: „Diese Steuern sind auf sämmtliche Gewerbebetriebe, welche nach § 28 der Gemeindebesteuerung unterliegen, nach gleichen Normen und Sätzen zu vertheilen", der in der Sitzung vom 25. April 1893 berathen wurde. Der Kommissionsberichterstatter, Dr. Würmling, erwiderte darauf, daß der § 20 bereits die Willkür in der Bemessung der Gewerbesteuern ausschließe. Darnach also ist der § 20 sowohl für die Frage, in welchen Fällen besondere Gewerbesteuern zulässig, als auch für die, in welcher Höhe sie zu erheben sind, maßgebend. In letzterer Beziehung sollen aber die besonderen Vortheile oder Kosten den Maßstab bilden.

Es erübrigt nun noch, die §§ 54—56 über die Vertheilung des Steuerbedarfs auf die verschiedenen Steuerarten einer kurzen Erörterung zu unterziehen. Darnach dürfen die Prozentsätze der staatlich veranlagten Realsteuern höchstens um 50 Prozent höher sein wie die Zuschläge zur Staatseinkommensteuer, und die Realsteuern sollen in der Regel zu gleichen Prozentsätzen erhoben werden. Diese, zunächst nur den staatlich veranlagten Realsteuern angepaßten, Grundsätze sollen nach der damaligen Erklärung des Regierungsvertreters auch auf die Sondersteuern Anwendung finden. Das kann natürlich nur in dem Sinne gemeint sein, daß der Steuersatz der Sondergewerbesteuer nicht wesentlich über die Sätze der anderen Realsteuern hinausgeht. Eine Steuer, welche 25—30 Prozent des Ertrages ausmacht, steht aber selbstverständlich in keinem annähernden Verhältniß zu den übrigen Gemeindesteuern, insbesondere zur staatlich veranlagten Gewerbesteuer, die nur 1 Prozent beträgt.

In der Sitzung des Abgeordnetenhauses vom 1. Mai 1893 (S. 2153 der stenographischen Berichte) gab der Staatskommissar, Geh. Ober-Finanzrath Füsting, folgende Erklärung ab:

„Die Vorschriften in den §§ 54 ff. beziehen sich sowohl auf den Fall der Erhebung von Zuschlagssteuern, als auf den Fall der Erhebung besonderer Realsteuern. Werden besondere Realsteuern erhoben, so muß der Steuerbedarf, welcher von den Realsteuerpflichtigen aufzubringen ist, bemessen werden nach den §§ 54 ff., also nach dem Betrage der staatlich veranlagten Steuern."

und der Abg. Dr. A. Meyer erklärte hierzu:

„Der § 57 hat ungefähr den Sinn, daß er sagt: Wenn in einer Gemeinde die staatlich veranlagte Gemeindesteuer 100 000 Mk. einbringt und die Gemeinde legt 100 Prozent zu Grunde, so sollen auch die besonderen Gebäudesteuern etwa 100 000 Mk. einbringen, so soll also die Gewerbesteuer eine gewisse Maximalsumme einbringen."

Wir fassen die Resultate unserer Erörterungen bezüglich der rechtlichen Zulässigkeit der Umsatzsteuer auf die Konsumvereine folgendermaßen zusammen:

I. Die Umsatzsteuer ist keine Gewerbesteuer, da sie keine Ertragssteuer ist, welchen Charakter jede Gewerbesteuer haben muß. Sie ist daher nach § 7, Ziff. 6 der Gew.O. unzulässig. Ebenso sehr verstößt sie auch gegen § 20, 29, 31, 32, 54—56 des preußischen Kommunalabgabengesetzes, welches ebenfalls nur Sonder-Gewerbesteuern, d. h. Ertragssteuern, zugelassen hat, und zwar nur als Entgelt für besondere Vortheile einzelner Gewerbearten aus besonderen Gemeindeeinrichtungen, oder für die dadurch den Gemeinden verursachten Kosten.

II. Eine Umsatzsteuer von 2 Prozent (20—50 Prozent des Ertrages) auf die Konsumvereine würde als beschränkende, prohibitive Steuer gegen die Gewerbefreiheit verstoßen und daher nach § 1 der Gew.O. und nach § 1 des Genossenschaftsgesetzes vom 1. Mai 1889 nicht zulässig sein. Eine Sondergewerbesteuer, welche — abgesehen von dem obigen Entgelt — wesentlich über die Sätze der staatlich veranlagten Gewerbesteuer hinausgehen würde, fiele aus dem Rahmen der bisherigen Gewerbesteuer heraus und stände mit den angezogenen Bestimmungen der preußischen Verfassung und des preußischen Kommunalabgabengesetzes im Widerspruch.

In diesem Sinne hat z. B. der Magistrat von Kiel mit Recht auf eine Petition des Vereins Kieler Kaufleute auf Einführung einer Umsatzsteuer geantwortet, daß die beantragte Einführung einer besonderen Gewerbesteuer nach dem Geschäftsumsatz nur für Konsumvereine, Filialen und andere großkapitalistische Kleinhandelsbetriebe gesetzlich nicht statthaft sei, da sie gegen § 31 des Kommunalabgabensetzes verstoße.

III.

Wirkungen und Folgen einer sogenannten Umsatzsteuer.

Der Zweck, den man mit einer Sonderbesteuerung der Konsumvereine verfolgt, ist bei den verschiedenen Freunden dieser Steuer ein verschiedener.

Die eigentlichen Interessenten, die kleineren Kolonialwaarenhändler, möchten überhaupt die Konsumvereine durch diese Steuer aus der Welt schaffen, oder wenigstens, wenn sie das nicht erreichen können, die Preise durch die Steuer erhöhen.*) Andere Freunde, die sog. Mittelstandspolitiker, möchten nicht so weit gehen, sie beabsichtigen nur eine Ausgleichung zwischen den Klein- und Mittelbetrieben und den Konsumvereinen, eine Verkürzung oder Beschneidung der besonderen Vortheile, welche die Konsumvereine angeblich vor den Gewerbetreibenden voraus haben.

Den ersteren Zweck würde eine „strangulirende" Umsatzsteuer erreichen, während für den zweiten ein niedrigerer Prozentsatz genügen würde.

Machen wir uns zunächst die Sachlage klar. Mitglied eines Konsumvereins wird man doch nur, um durch die Dividende bei Zahlung der sonst üblichen Tagespreise eine Ersparniß zu erzielen. Im Durchschnitt haben die 489 zum Jahrbuch des Allgem. Verbandes berichtenden Vereine für 1897 10,2 Prozent Dividende vertheilt (9,9 Mill. Mark bei 96,7 Mill. Mk. Umsatz), oder 24 Mk pro Kopf der Mitglieder auf durchschnittlich 240 Mk. Waarenentnahme. Das ist für einen Arbeiter

---

*) Bezeichnend ist folgende Auslassung in Nr. 76/1898 der Kolonialwaarenzeitung: „Typisch für die Umsatzsteuer" nennt der „Konfektionär" das Geschäftsresultat des Waarenhauses für deutsche Beamte; das Blatt meint, wenn das Waarenhaus ebenfalls eine Umsatzsteuer von 2 Prozent zu bezahlen hätte, so müßte es, bei dem letztjährigen schwachen Gewinn, 100000 Mark zusetzen, und somit entweder seinen Betrieb einstellen, oder die Preise erhöhen. — Ganz recht! das ist ja auch der Zweck der Umsatzsteuer, und „typisch" ist der Fall allerdings, nur nicht im Sinne des „Konfektionärs", der damit sagen will, daß ein solcher Ausgang auch für andere Waarenhäuser kommen würde, was einfach nicht geschehen dürfe. Gerade die Erhöhung der Preise auf den natürlichen Werthstand soll durch die Umsatzsteuer mitbewirkt werden, denn bei einem Waarenumsatze ohne Nutzen, oder bei Lockverkäufen unter Einkaufspreis, haben eben die Verkaufspreise keinen natürlichen Werthstand."

aber eine sehr beträchtliche Ersparniß, die man nicht unterschätzen sollte. Die Umsatzsteuer von 2 Prozent würde demnach durchschnittlich 20 Prozent des Gewinnes den Mitgliedern entreißen, oder 4,8 Mk., während die Gewerbesteuer sonst nur 1 Prozent beträgt. Das ist aber nur der Mittelsatz. Der Antheil der Steuer vom Ertrage aber verändert sich je nach der Höhe der Dividende, er schwankt z. B. zwischen $^1/_2$—$^1/_8$ bei Dividenden von 4—16 Prozent. Je kleiner die Dividende, um so schwerer drückt die Steuer. Die günstig situirten Vereine, welche in der Lage sind, hohe Dividenden vertheilen zu können, würden die Steuer leichter ertragen, wie die unter ungünstigeren Verhältnissen wirthschaftenden.

Die Vereine, die nur bis zu 6 Prozent Dividende vertheilen können, würden mindestens $^1/_3$ des Gewinnes abzugeben haben. Dadurch würde aber den Mitgliedern ein großer Theil des Anreizes, dem betr. Konsumverein anzugehören, genommen werden. Ein großer Theil dieser Vereine würde daher jedenfalls bald liquidiren müssen. Nach dem Jahresbericht des Allgemeinen Verbandes für 1897 vertheilten von 489 Verbandsvereinen an Dividenden:

0 bis 3 %	4 %	4½ %	5 %	5½ %	6 %	
16	12	12	6	15	5	22	Sa. 88 = 17,7 %.

Demnach würden durch eine Umsatzsteuer von 2 Prozent bereits 17,7 Prozent der berichtenden 489 Konsumvereine gefährdet, sie ist also schon eine strangulirende Steuer, aber nicht für die starken großen Konsumvereine, sondern für die kleineren und schwächeren. Das paßte schlecht zu dem sog. sozial-politischen Zweck der Steuer, die Schwachen vor den Großen zu schützen! Ein Hinweis auf die mit diesem Rückschritt verbundenen Ungerechtigkeiten sollte eigentlich schon genügen, um die Unmöglichkeit einer Umsatzsteuer zu beweisen, die auf eine Vermögenskonfiskation der Kleinen hinausläuft.

Indeß durch die „Tödtung" dieser Kleinen würden die Väter der Umsatzsteuer doch wohl keineswegs befriedigt sein. Die Konkurrenz dieser Kleinen im Reiche der Konsumvereine macht ihnen keine großen Schmerzen, die Großen, Kräftigen sind es, die sie hangen möchten. Werden sie die aber fangen? Je größer die Dividende, um so geringer der Prozentsatz, den die Steuer von ihr konfiszirt, um so leichter wird die Steuer ertragen. Wenn die Steuer bei einer Dividende von 10 Prozent $^1/_5$ derselben konfiszirt, so ist das gewiß sehr bedauerlich, und zwar um so schmerzlicher, als mit diesem Entgang, dieser Lebensmittelsteuer für die Aermeren und weniger Bemittelten nicht das Bewußtsein einer allgemein zu tragenden gleichmäßigen Abgabe, sondern das bittere Gefühl einer ungerechten Behandlung verknüpft ist, — aber es wird dadurch das Interesse am Verein noch nicht getötet. Je verbitterter eine solche zu Unrecht auf den Konsumvereinen lastende Lebensmittelsteuer stimmen muß, um so zäher werden die Mitglieder an ihrem Verein festhalten und für ihn werben. Die Konkurrenz der kräftigeren Vereine wird sonach durch diese Steuer nicht vermindert, sondern eher noch vermehrt.

Natürlich würde auch das seine Grenzen haben. Wenn ein Verein 10 Prozent Dividende zahlt, davon aber durch eine Umsatzsteuer von

5 Prozent die Hälfte konfiszirt würde, dann würde sehr wahrscheinlich die Mitgliederflucht beginnen, dann würden auch diese kräftigen Vereine „gemordet" werden, und es würden nur die hervorragend günstig situirten mit Dividenden von 12 Prozent und darüber lebensfähig bleiben — wenn nicht die weniger kräftigen Vereine Mittel und Wege fänden, ihre Widerstandskraft zu erhöhen. Daß aber eine Brandschatzung von 5 Prozent den Konsumvereinen auferlegt werden könnte, die bei Dividenden von 5 Prozent bereits die ganze Dividende konfisziren würde, das halten wir nicht für denkbar.

Welche Wirkungen würde also voraussichtlich eine sog. Umsatzsteuer auf die kräftigeren Vereine ausüben, bezw. welche Mittel würden sie ergreifen, um die Nachtheile der Umsatzsteuer zu paralysiren? Zunächst würden sie, während sie bisher sich von jeder Agitation und Reklame für ihre Sache fern gehalten haben, die Erbitterung ihrer Mitglieder ausnutzen und diese zum Werben neuer Mitglieder anregen. Hat doch die bisherige Agitation der Gegner und die Gegenagitation der Vereine in Sachsen ihnen bereits einen bedeutenden Mitgliederzuwachs gebracht. Durch die Erhöhung des Umsatzes werden Unkosten gespart; es lassen sich vielleicht auch sonst noch Ersparnisse erzielen.

Sodann aber werden die Vereine immer energischer auf den Weg gemeinsamen Einkaufs gedrängt. Einkaufsgruppen bestehen zur Zeit in 4 Unterverbänden. Der Großeinkaufsgesellschaft in Hamburg sind bisher 68 Vereine angeschlossen. Der gemeinsame Kampf wird die Vereine noch näher aneinander bringen; die größeren werden für die kleineren Vereine, wie das bisher bereits mehrere größere Vereine thaten, den gemeinsamen Einkauf mitbesorgen und ihnen so Unkosten ersparen helfen. Und schließlich werden die Vereine nach den Erfahrungen der bereits hierin vorangeschrittenen lohnendere Zweige der Produktion in Angriff nehmen, so namentlich die Bäckerei. Von den 489 berichtenden Vereinen haben erst 59 eigene Bäckerei. Die Rücksicht auf die Bäcker hat bisher die Vereine vielfach abgehalten, eine eigene Bäckerei einzurichten. In dem Kampfe auf Leben und Tod aber wäre eine solche Rücksichtnahme selbstmörderisch. Die Bäcker, welche jetzt so lebhaft für eine Umsatzsteuer mitagitiren, werden dann die Früchte ihrer Agitation zu spät erkennen.

Der Druck erzeugt Gegendruck und bewirkt so oft gerade das Gegentheil von dem, was man erwartet und gewollt hat.

Wenn die Konsumvereine wirklich die Summe von sozialer Kraft repräsentiren, auf die sie bisher Anspruch machen zu können geglaubt haben, dann werden sie aus diesem ihnen aufoktroyirten Kampfe gestärkt hervorgehen und sie werden mit um so größerer Gewalt die Ketten sprengen, welche der Ring ihrer Feinde um sie gelegt hat.

In der Zwischenzeit aber werden ihre Mitglieder zum Theil leiden. Das sind größtentheils die unbemittelten, die arbeitenden Klassen, — den 489 berichtenden Vereinen gehörten allein unter 403 872 Mitgliedern 144 777 Arbeiter an. Es werden aber auch die Tausende von Handwerkern und Kaufleuten leiden (37 528 Handwerker und 12 599 Kaufleute), obwohl man doch gerade diesen „Mittelstand" schützen will. Die

Wirkung der Umsatzsteuer auf die Mitglieder der Konsumvereine ist also eine höchst unsoziale, mitten in unserem sozialpolitisch angehauchten Jahrhundert.

Die Wirkung der Umsatzsteuer auf die Konsumvereine, die in der Wegnahme eines mehr oder weniger großen Theiles der Dividenden besteht, läuft demnach auf eine Lebensmittelvertheuerung für die unbemittelteren Klassen hinaus, eine Verantwortung, die kein moderner Gesetzgeber auf sich nehmen sollte. Und sollten denn die Konsumenten gar keinen Anspruch auf Berücksichtigung bei der Veranlagung der Steuern haben! Eine der Grundregeln für die Steuerveranlagung ist doch die, daß die Steuer möglichst wenig drücken soll. Die Umsatzsteuer aber, welche die Lebensmittel gerade der unbemittelteren Klassen vertheuert, ist eine drückende, ungerechte und unsoziale. Sie richtet sich dadurch von selbst.

Leiden werden auch die Angestellten*) der Vereine, insofern diese nicht mehr so viel für sie thun können wie bisher. Daß die Konsumvereine ihre sozialen Aufgaben in der rechten Weise verstanden haben, das beweist auch der Umstand, daß eine große Zahl derselben ihre Angestellten bei einer Unfallversicherungsgesellschaft gegen Unfall versichert haben. Leiden werden auch die Angestellten derjenigen Vereine, welche sich nicht halten können, sie werden brotlos. Haben aber nicht diese Personen denselben Anspruch auf Rechtsschutz wie der sog Mittelstand, wie alle Staatsbürger! Kann es der Staat verantworten, wenn er Hunderte von diesen ehrlich ihren Erwerb Suchenden auf die Straße setzt!

Wenn die kleineren Gewerbetreibenden anderer Berufsarten sehen, wie nachgiebig die Regierung gegen die Wünsche der Detailisten ist, dann werden auch sie, wenn der Stein einmal ins Rollen gekommen ist, nicht anstehen, auch ihrerseits gegen die Konkurrenz der Großen auf ihren Gebieten loszugehen. Mit welchem Rechte wollte dann die Regierung ihren Forderungen Widerstand leisten! Bereits im Winter 1895/96 gingen die Müller mit einer Petition an den Reichstag, in der sie eine staffelförmige Produktions- oder Umsatzsteuer für die größeren Mühlen forderten. Die Steuer sollte beginnen bei 20000 Zentner Jahresvermahlung mit 1—2 Pf. pro Zentner und bis 25—30 Pf. steigen.

Und was den Detailisten und den Müllern recht ist, das ist den Schmieden, Schlossern, Klempnern, Fuhrherrn, Bauern 2c. 2c. nur billig. Die Regierung hat nicht den geringsten Grund, den Kleinen auf irgend einem Gebiete abzuschlagen, was sie dem Detailisten gewährt hat. Die Geister, die sie rief, nun wird sie sie nicht los!

Aus unseren Ausführungen ging zum Theil schon hervor, daß der angestrebte Zweck, die Wirkung bezüglich des Detailhandels, keinesfalls erreicht werden wird. Man will durch Beseitigung der angeblichen Vor-

---

*) Eine am 17. Oktober d. J. in Berlin einberufene Versammlung von Handelsgehilfen und -Gehilfinnen nahm nach einem Vortrage des Kaufmanns Benno Maaß eine Resolution an, worin gegen die Umsatzsteuer Stellung genommen wurde, da diese Steuer den Gegnern der Bazare nichts helfen, sondern nur die Lage der Angestellten verschlechtern würde.

theile der Konsumvereine die Position des Detailhandels stärken. Wie wir gesehen haben, würden nur die schwächeren Vereine sich nicht halten können, die stärkeren aber durch um so größere Energie-Entfaltung ihre Leistungsfähigkeit erhöhen und ihren Betrieb ausdehnen. Sie werden, wie sich das in Sachsen gezeigt hat, stärker wie sonst anwachsen und so nicht nur die durch die Tödtung der Schwächeren entstandenen Lücken bald ganz ausfüllen, sondern auch noch mehr Terrain gegen früher dazu erobern. Das wäre nun sicher keine günstige Wirkung für den Detailhandel.

Dazu kommt ein anderer Faktor, der diese ungünstige Wirkung noch verstärken müßte. Im Anfang werden in die Reihen der Konsumvereine Lücken gerissen werden. Es ist nur naturgemäß, daß diese von den Detailisten baldigst doppelt und dreifach geschlossen werden. Ihre eigene Uebersetzung mit der Ausdehnung der kräftigeren Vereine zusammen werden aber bald eine weit größere Bedrängniß schaffen, als sie bisher gewesen ist. Daß das so kommen muß, erscheint nicht zweifelhaft. Denn die früheren Mitglieder der eingegangenen Vereine werden nach und nach sich einem der lebensfähigen Vereine wieder ausschließen. Auch bleibt es ihnen unbenommen, ihre Waaren von Auswärts zu beziehen.

So wird das Endglied dieses circulus vitiosus nicht etwa eine Stärkung des Detailhandels, sondern eine Hindrängung der lebensfähigen Konsumvereine zur Vergrößerung ihres Betriebes, zum Großbetriebe sein. Die alte Wahrheit von der für Andere gegrabenen Grube bleibt immer neu. Aber auch noch in anderer Beziehung wird man den ersten Schritt auf dieser Bahn bereuen. Hat man erst die Konsumvereine — vermeintlich — an den Galgen gehenkt, dann wird man vor den landwirthschaftlichen Genossenschaften nicht Halt machen. Schon jetzt erheben sich manche Stimmen gegen die Firma Raiffeisen und Co. Diese haben 1896 der Beschränkung der Konsumvereine ruhig zugesehen, ja die Agrarier standen in der ersten Reihe der Kämpfer gegen die Konsumvereine. Das wird und muß sich aber rächen. Die Milchhändler sehen mit scheelen Augen auf die Molkereigenossenschaften, die Bäcker auf die Bäckereigenossenschaften u. s. w. Die Agrarier haben schon offen damit gedroht, daß sie den „unnöthigen" Zwischenhandel und widerspenstige Gewerbe wie der Fleischer „ausschalten" würden. Bald werden auch die Stimmen erschallen, welche die Extra-Besteuerung der landwirthschaftlichen Genossenschaften verlangen. Dann werden die Rohstoffgenossenschaften der Handwerker dran kommen u. s. w.

Das sind aber die Folgen der Inkonsequenz und des widerspruchsvollen Verhaltens der Gesetzgebung. Alle anderen Genossenschaftsarten, mit Ausnahme der Konsumvereine, sucht man zu verbreiten und zu fördern, nur die Konsumvereine werden verfolgt, während doch gerade die Konsumvereine von hoher sozialer Bedeutung sind. Verläßt man erst einmal den allein gerechten Standpunkt des Wohlwollens gegen alle Genossenschaftsarten, dann werden die Streiche der Gegner diese Bresche bald erweitern, und dann sieht das Ende des Jahrhunderts vielleicht auf der ganzen Linie einen Kampf gegen eine seiner größten, volksfreundlichsten, sozialsten und wahrhaft staatserhaltenden Errungenschaften — anstatt daß sie ihrem vollen Werthe nach nach allen Richtungen anerkannt wird.

In diesem Sinne hat auch der 39. Allgemeine Genossenschaftstag zu Neustadt a./Haardt 1898, am 27. August, folgenden Antrag angenommen:

„Der Allgemeine Genossenschaftstag nimmt mit Bedauern Kenntniß von den Versuchen, die Konsumvereine mit einer Umsatzsteuer zu belasten; er erwartet zuversichtlich, daß diese allen sozialen und wirthschaftlichen Grundsätzen sowie der Gewerbefreiheit widersprechende Steuer nicht eingeführt, bezw. wo sie besteht, aufgehoben werde, da sie als Sondersteuer diejenigen Genossenschaften trifft, welche für ihre zum weitaus größten Theile den minderbegüterten Klassen angehörenden Mitglieder die nothwendigsten Lebensbedürfnisse beschaffen, — somit zu einer mittelbaren Vertheuerung der Lebenshaltung der unter schwierigen Verhältnissen stehenden minderbegüterten Klassen führt."

Wir glauben somit nachgewiesen zu haben, daß eine so hohe Umsatzsteuer wegen ihres strangulirenden Charakters mit § 1 der Gew.O. im direkten Widerspruch steht und daher unzulässig ist; daß aber auch eine jede Umsatzsteuer, als mit dem Zwecke der Besteuerung überhaupt und der bisherigen Art der Veranlagung unvereinbar, da sie einzelne Betriebe zu Gunsten Anderer beschränken soll und auf den Ertrag der Gewerbe keine Rücksicht nimmt, ein Verstoß gegen die durch die Gewerbeordnung garantirte Gewerbefreiheit und gegen die dort zugelassene Gewerbebesteuerung ist.

Druck von Otto Walter in Berlin S.

Druck von Otto Walter, Berlin S, Kommandantenstr. 44a.

FSC
www.fsc.org
MIX
Papier | Fördert
gute Waldnutzung
FSC® C083411

Kolibri 360 GmbH
Ferdinand-Jühlke-Straße 7
99095 Erfurt, Deutschland
produktsicherheit@kolibri360.de